中华人民共和国行业标准

公路交通安全设施设计规范

Design Specifications for Highway Safety Facilities

JTG D81—2017

主编单位：交通运输部公路科学研究院
批准部门：中华人民共和国交通运输部
实施日期：2018 年 01 月 01 日

人民交通出版社股份有限公司

律 师 声 明

本书所有文字、数据、图像、版式设计、插图等均受中华人民共和国宪法和著作权法保护。未经人民交通出版社股份有限公司同意，任何单位、组织、个人不得以任何方式对本作品进行全部或局部的复制、转载、出版或变相出版。

本书扉页前加印有人民交通出版社股份有限公司专用防伪纸。任何侵犯本书权益的行为，人民交通出版社股份有限公司将依法追究其法律责任。

有奖举报电话：(010) 85285150

北京市星河律师事务所
2020 年 6 月 30 日

图书在版编目（CIP）数据

公路交通安全设施设计规范：JTG D81—2017 / 交通运输部公路科学研究院主编. — 北京：人民交通出版社股份有限公司，2017.12
ISBN 978-7-114-14395-3

Ⅰ．①公… Ⅱ．①交… Ⅲ．①公路运输—交通运输安全—安全设备—设计规范—中国 Ⅳ．①U491.5-65

中国版本图书馆 CIP 数据核字（2017）第 304811 号

标准类型：中华人民共和国行业标准
标准名称：公路交通安全设施设计规范
标准编号：JTG D81—2017
主编单位：交通运输部公路科学研究院
责任编辑：吴有铭　李　沛
出版发行：人民交通出版社股份有限公司
地　　址：(100011) 北京市朝阳区安定门外外馆斜街 3 号
网　　址：http://www.ccpcl.com.cn
销售电话：(010) 59757973
总 经 销：人民交通出版社股份有限公司发行部
经　　销：各地新华书店
印　　刷：北京市密东印刷有限公司
开　　本：880×1230　1/16
印　　张：8
字　　数：160 千
版　　次：2018 年 1 月　第 1 版
印　　次：2022 年 10 月　第 9 次印刷
书　　号：ISBN 978-7-114-14395-3
定　　价：60.00 元

（有印刷、装订质量问题的图书，由本公司负责调换）

中华人民共和国交通运输部

公 告

第 47 号

交通运输部关于发布
《公路交通安全设施设计规范》
及《公路交通安全设施设计细则》的公告

现发布《公路交通安全设施设计规范》（JTG D81—2017），作为公路工程行业标准，自 2018 年 1 月 1 日起施行；发布《公路交通安全设施设计细则》（JTG/T D81—2017），作为公路工程行业推荐性标准，自 2018 年 1 月 1 日起施行。原《公路交通安全设施设计规范》（JTG D81—2006）及其英文版，以及《公路交通安全设施设计细则》（JTG/T D81—2006）同时废止。

《公路交通安全设施设计规范》（JTG D81—2017）及《公路交通安全设施设计细则》（JTG/T D81—2017）的管理权和解释权归交通运输部，日常解释和管理工作由主编单位交通运输部公路科学研究院负责。

请各有关单位注意在实践中总结经验，及时将发现的问题和修改建议函告交通运输部公路科学研究院（地址：北京市海淀区花园东路 15 号，邮政编码：100191），以便修订时研用。

特此公告。

中华人民共和国交通运输部
2017 年 11 月 17 日

交通运输部办公厅　　　　　　　　　　　　　　　2017 年 11 月 20 日印发

前 言

根据交通运输部厅公路字【2011】115号"关于下达2011年度公路工程标准制修订项目计划的通知"的要求,交通运输部公路科学研究院作为主编单位主持《公路交通安全设施设计规范》(JTG D81—2006)的修订工作。

本规范是对《公路交通安全设施设计规范》(JTG D81—2006)的全面修订。经批准颁发后以《公路交通安全设施设计规范》(JTG D81—2017)颁布实施。

本次修订紧密结合了我国公路运营环境的特征和发展趋势,以及各等级公路的功能和技术条件、交通条件、地形条件,全面总结了《公路交通安全设施设计规范》(JTG D81—2006)实施以来国内相关科研、设计成果,吸收、借鉴了国外发达国家的先进经验和标准规范,对关键技术问题开展了专项研究,在全国范围内广泛征求了交通运输行业主管部门、公路建设和运营管理单位以及公路设计、科研单位的意见,经反复讨论、修改和试设计,最后经审查定稿。

本规范由总则、术语、总体设计、交通标志、交通标线、护栏和栏杆、视线诱导设施、隔离栅、防落网、防眩设施、避险车道和其他交通安全设施12章以及1个附录组成。

本规范与原规范相比,主要修订内容如下:

1. 根据《公路工程技术标准》(JTG B01—2014)的规定,调整了各章节的编排顺序,突出了各类交通安全设施的使用功能。

2. 增加了"总体设计"一章,强化了与公路土建工程、公路管理设施和服务设施之间的协调和衔接。

3. "交通标志"和"交通标线"两章强调了原则性内容,突出了其作为交通安全设施的作用。

4. 与《公路护栏安全性能评价标准》(JTG B05-01—2013)相一致,将护栏的"防撞等级"调整为"防护等级",并增加了护栏的防护等级;对路侧护栏的设置条件和防护等级的确定更加具体化,以增加可操作性;细化了各类桥梁护栏的构造要求;对中央分隔带开口护栏提出了防护性能的要求;新增了"缓冲设施"的内容。

5. 将原"轮廓标"一章恢复为"视线诱导设施",涵盖范围适当扩大,以加强隧道等特殊路段的边缘指示。

6. 隔离栅的高度、网格规格根据不同地区隔离对象的特征进行了适当调整,增加了设置"活动门"的规定。

7. 防落网的范围扩大到防落物网和防落石网两类。

8. 新增"避险车道"一章,对避险车道的设置位置、构造组成、平纵线形、长度、铺装材料、附属设施的设计进行了规定。

9. 新增"其他交通安全设施"一章,对防风栅、防雪栅、积雪标杆、限高架、减速丘和凸面镜等交通安全设施的设置原则和规模进行了规定。

本规范由刘会学负责起草第1章,唐琤琤负责起草第2章,刘会学、贾宁、马亮负责起草第3章,赵妮娜负责起草第4章,侯德藻、宋玉才负责起草第5章,唐琤琤、刘会学、黄晨、李勇、葛书芳、张绍理、高水德负责起草第6章,宋玉才、孙斌负责起草第7章,孙智勇负责起草第8章,孙智勇、张华负责起草第9章,葛书芳负责起草第10章,吴京梅负责起草第11章,张巍汉负责起草第12章。邰永刚、邓宝、王伟和郑昊等参与了部分条文的编写工作。

请各有关单位在执行过程中,将发现的问题和意见,函告本规范日常管理组,联系人:刘会学(地址:北京市海淀区花园东路15号,交通运输部公路科学研究院,邮编:100191;电话:62062052,传真:62370155;电子邮箱:hx.liu@rioh.cn),以便下次修订时参考。

主　编　单　位:交通运输部公路科学研究院
参　编　单　位:北京交科公路勘察设计研究院
　　　　　　　　广东省交通集团有限公司
　　　　　　　　江西赣粤高速公路股份有限公司
　　　　　　　　北京中路安交通科技有限公司

主　　　　　编:刘会学
主要参编人员:唐琤琤　宋玉才　赵妮娜　黄　晨　葛书芳
　　　　　　　侯德藻　贾　宁　孙　斌　李　勇　马　亮
　　　　　　　孙智勇　吴京梅　张巍汉　张绍理　张　华
　　　　　　　高水德
主　　　　　审:陈永耀
参与审查人员:李爱民　何　勇　李春风　程英华　吴华金
　　　　　　　段里仁　潘向阳　辛国树　郑铁柱　高海龙
　　　　　　　张玉宏　鲍　钢　王建强　夏方庆　王松根
　　　　　　　沈国华　管桂平　夏传荪　刘光东　孙芙灵
　　　　　　　胡彦杰　刘喜平　郭　敏　周玉波　倪　伟
　　　　　　　周克勤　马治国　彭　锐　李春杰　尹东升
　　　　　　　胡江碧　陈卫霞　李会驰

目 次

1 总则 1
2 术语 2
3 总体设计 5
　3.1 一般规定 5
　3.2 项目和路网特征分析 5
　3.3 设计目标 6
　3.4 设置规模 6
　3.5 结构设计标准 7
　3.6 设计协调与界面划分 9
4 交通标志 11
　4.1 一般规定 11
　4.2 设置原则 12
　4.3 版面设计 13
　4.4 材料 14
　4.5 支撑方式和结构 14
5 交通标线 16
　5.1 一般规定 16
　5.2 设置原则 16
6 护栏和栏杆 19
　6.1 一般规定 19
　6.2 路基护栏 19
　6.3 桥梁护栏和栏杆 23
　6.4 中央分隔带开口护栏 28
　6.5 缓冲设施 29
7 视线诱导设施 30
　7.1 一般规定 30
　7.2 设置原则 30
8 隔离栅 32
　8.1 一般规定 32
　8.2 设置原则 32

9 防落网 · 34
9.1 一般规定 · 34
9.2 设置原则 · 34
10 防眩设施 · 35
10.1 一般规定 · 35
10.2 设置原则 · 35
11 避险车道 · 37
11.1 一般规定 · 37
11.2 设置原则 · 37
12 其他交通安全设施 · 39
12.1 防风栅 · 39
12.2 防雪栅 · 39
12.3 积雪标杆 · 40
12.4 限高架 · 40
12.5 减速丘 · 40
12.6 凸面镜 · 40
12.7 其他设施 · 41
附录A 净区宽度计算方法 · 42
本规范用词说明 · 44
附件 《公路交通安全设施设计规范》（JTG D81—2017）条文说明 · 45
1 总则 · 47
2 术语 · 52
3 总体设计 · 54
4 交通标志 · 64
5 交通标线 · 75
6 护栏和栏杆 · 80
7 视线诱导设施 · 102
8 隔离栅 · 106
9 防落网 · 108
10 防眩设施 · 110
11 避险车道 · 114
12 其他交通安全设施 · 117

1 总则

1.0.1 为规范公路交通安全设施的设计,充分发挥交通安全设施的功能,制定本规范。

1.0.2 本规范适用于新建和改扩建的各等级公路交通安全设施的设计。

1.0.3 公路交通安全设施设计内容包括交通标志、交通标线(含突起路标)、护栏和栏杆、视线诱导设施、隔离栅、防落网、防眩设施、避险车道和其他交通安全设施(含防风栅、防雪栅、积雪标杆、限高架、减速丘和凸面镜)等。

1.0.4 公路交通安全设施应结合路网与公路技术条件、地形条件、交通条件、环境条件进行总体设计,交通安全设施之间、交通安全设施与公路土建工程和其他设施之间应互相协调、配合使用。

1.0.5 公路交通安全设施设计应坚持以人为本、预防为主、系统设计、重点突出的原则。应在交通安全综合分析的基础上,优先设置主动引导设施,根据需要设置被动防护设施。

1.0.6 新建公路交通安全设施设计宜考虑公路运营养护因素的影响。改扩建公路交通安全设施设计应在对既有公路开展调查与综合分析的基础上,结合改扩建后的公路、交通、环境条件进行,对既有设施应合理利用并加以完善。

1.0.7 公路交通安全设施的设计交通量应采用公路项目的设计交通量,所采用的设计车辆外廓尺寸、代表车型等应符合现行《公路工程技术标准》(JTG B01)和《公路护栏安全性能评价标准》(JTG B05-01)的相应规定。

1.0.8 在满足安全和使用功能的条件下,应积极推广使用可靠的新技术、新材料、新工艺、新产品。

1.0.9 公路交通安全设施设计除应符合本规范的规定外,尚应符合现行国家和行业有关强制性标准的规定。

2 术语

2.0.1 净区 clear zone
公路车行道以外,无障碍物、车辆驶出车行道后可以停车或驶回公路的带状区域。

2.0.2 护栏标准段 standard sections of highway barriers
断面结构形式保持不变并在一定长度范围内连续设置的公路护栏结构段。

2.0.3 护栏过渡段 transition sections of highway barriers
设置于两种不同结构形式或不同防护等级的公路护栏之间、连接平顺、结构刚度平稳过渡的公路护栏结构段。

2.0.4 路侧护栏 roadside barrier
设置于公路路侧建筑限界以外的护栏。

2.0.5 中央分隔带护栏 median barrier
设置于公路中央分隔带内的护栏。

2.0.6 中央分隔带开口护栏 moveable highway barrier of median opening
设置于公路中央分隔带开口处、具有开启功能的公路护栏结构段。

2.0.7 刚性护栏 rigid barrier
车辆碰撞后基本不变形的护栏。混凝土护栏是主要代表形式,车辆碰撞时通过爬高并转向来吸收碰撞能量。

2.0.8 半刚性护栏 semi-rigid barrier
车辆碰撞后有一定的变形,又具有一定强度和刚度的护栏。波形梁护栏是主要代表形式,车辆碰撞时利用土基、立柱、波纹状钢板的变形来吸收碰撞能量。

2.0.9 柔性护栏 flexible barrier
具有较大缓冲能力的韧性护栏结构。缆索护栏是主要代表形式,车辆碰撞时依靠缆索的拉应力来吸收碰撞能量。

2.0.10 缓冲设施 impact attenuator

设置于公路互通式立体交叉、服务区、停车区出口处的分流鼻端、收费岛头,或者护栏端部等,可以减缓冲击、降低碰撞车辆和车内人员伤害的设施,主要形式有防撞端头、防撞垫等。

2.0.11 防撞端头 crashworthy terminal

设置于护栏的迎车流方向起点,和护栏连接在一起,对碰撞车辆起阻挡、缓冲和导向作用的设施。

2.0.12 防撞垫 crash cushion

设置于公路交通分流处的障碍物或其他位置的障碍物前端的一种缓冲设施,车辆碰撞时通过自体变形吸收碰撞能量,从而降低乘员的伤害程度。防撞垫可分为可导向防撞垫和非导向防撞垫。

2.0.13 隔离设施 traffic separation facilities

分隔双向或同向交通、机动车和非机动车、车辆和行人等的设施。

2.0.14 视线诱导设施 visual guiding devices

指示公路线形轮廓及行车方向的设施,主要包括轮廓标、合流提示类标志、线形诱导标、隧道轮廓带、示警桩、示警墩、道口标柱等。

2.0.15 隔离栅 fencing

设置于公路沿线两侧,阻止人、动物进入公路或沿线其他禁入区域,防止非法侵占公路用地的设施。

2.0.16 防落网 preventing fallen object fence

设置于公路桥梁两侧防止抛扔的物品、杂物或运输散落物进入桥梁下铁路、通航河流或交通量较大的公路的设施,称为防落物网。

设置于公路路堑边坡防止落石进入公路建筑限界内的柔性防护设施,称为防落石网。

防落物网和防落石网统称为防落网。

2.0.17 防眩设施 anti-glare facility

防止夜间行车受对向车辆前照灯炫目影响的设施。

2.0.18 防风栅 wind fence

设置在公路上风侧或公路两侧,减轻强风对公路行驶车辆影响的设施。

2.0.19 防雪栅 snow fence

设置在公路上风侧或公路两侧,减轻风吹雪对公路影响的设施。

2.0.20 积雪标杆 snow marker post

在可能严重积雪的路段,设置于公路两侧指示公路路面边缘的设施。

2.0.21 减速丘 speed hump

设置于车行道或延展到整个公路路面宽度的弧形凸起区域,配合相应的交通标志和标线,起到提醒驾驶人控制车速的作用。

3 总体设计

3.1 一般规定

3.1.1 公路交通安全设施必须与公路土建工程同时设计、同时施工、同时投入生产和使用。

3.1.2 公路交通安全设施应进行总体设计。

3.1.3 公路交通安全设施的总体设计应在充分收集项目及所在路网规划、技术规定、设计图纸和交通安全评价结论,以及现场调研的基础上进行。

3.1.4 公路交通安全设施的总体设计应包括项目和路网特征分析、设计目标、设置规模、结构设计标准、设计协调与界面划分等内容。

3.1.5 除本规范第3.1.4条的规定外,公路改扩建交通安全设施的总体设计还应根据既有公路调查与综合分析的结论,包括既有设施的再利用方案和临时交通安全设施的设计方案等。

3.2 项目和路网特征分析

3.2.1 与项目相关资料的分析应包括下列内容:
1 项目在路网中的功能和定位;
2 项目的直接和间接服务范围;
3 项目沿线交通枢纽、旅游景区、饮用水源地保护区等重要设施的分布;
4 项目的技术标准、地形条件、交通条件和环境条件。

3.2.2 项目与所在路网之间关系的分析应包括下列内容:
1 起、终点里程传递的桩号信息;
2 重合路段的起终点信息;
3 穿城路段的起终点信息;
4 构成多路径的路线信息;

5 相关路线的命名和编号信息;
6 被交公路、铁路和航道的相关信息。

3.2.3 从公路使用者的角度对项目进行的交通安全综合分析应包括下列内容:
1 公路运行中可能存在的安全风险和隐患路段(点);
2 交通安全设施的安全设计重点。

3.3 设计目标

3.3.1 应结合项目和路网特征分析结果,从服务、安全、管理、环境、成本等方面提出交通安全设施的设计目标。

3.3.2 公路改扩建项目应提出既有交通安全设施再利用、临时交通安全设施设置的设计目标。

3.4 设置规模

3.4.1 公路交通安全设施的设置规模,应根据确定的设计目标,综合考虑所在路网规划、公路功能、技术等级、交通量、车型组成和环境等因素合理确定。

3.4.2 主要干线公路应根据本规范的规定设置系统、完善的交通标志、标线、视线诱导设施、隔离栅、必需的防落网和防眩设施;桥梁与高路堤路段必须设置路侧护栏;整体式断面中间带宽度小于或等于12m时,必须连续设置中央分隔带护栏;不同形式的护栏连接时,应进行过渡设计;中央分隔带开口处必须设置开口护栏;出口分流三角端应设置防撞垫。

3.4.3 次要干线公路应根据本规范的规定设置完善的交通标志、标线、视线诱导设施及必需的隔离栅、防落网;桥梁与高路堤路段必须设置路侧护栏;一级公路整体式断面中间带宽度小于或等于12m时,必须连续设置中央分隔带护栏;不同形式的护栏连接时,应进行过渡设计;高速公路中央分隔带开口处必须设置开口护栏;一级公路应根据需要设置防眩设施。

3.4.4 主要集散公路应根据本规范的规定设置较完善的交通标志、标线及必需的视线诱导设施、隔离栅;桥梁与高路堤路段必须设置路侧护栏;一级公路整体式断面中间带应设置保障行车安全的隔离设施。

3.4.5 次要集散公路应根据本规范的规定设置较完善的交通标志、标线及必需的视线诱导设施;桥梁与高路堤路段应设置路侧护栏。

3.4.6 支线公路应根据本规范的规定设置交通标志,在视距不良、急弯、陡坡等路段应设置交通标线及必需的视线诱导设施;路侧有不满足计算净区宽度要求的悬崖、深谷、深沟、江河湖海等路段应设置路侧护栏。

3.4.7 公路连续长、陡下坡路段,应根据本规范的规定并结合交通安全综合分析的结果论证是否设置避险车道。设置避险车道时,应设置配套的交通标志、标线及隔离、防护、缓冲等设施。

3.4.8 风、雪等危及公路行车安全的路段,应根据本规范的规定设置防风栅、防雪栅、积雪标杆等交通安全设施;根据运营管理和交通管理需求,可根据本规范的规定设置限高架、减速丘、凸面镜等交通安全设施。

3.5 结构设计标准

3.5.1 公路交通安全设施结构设计采用的作用应符合表3.5.1的规定。除桥梁护栏所承受的汽车碰撞荷载外,其他作用的标准值、代表值和组合效应设计值应参照现行《公路桥涵设计通用规范》(JTG D60)的规定计算。当结构中出现其他不可忽略的作用时,其标准值、代表值和组合效应设计值的计算应符合相关规范的规定。

表3.5.1 公路交通安全设施结构设计采用的作用

设施类型	作用名称	作用分类
护栏	结构重力(包括结构附加重力)	永久作用
	土的重力(路基护栏)	
	土侧压力(路基护栏)	
	预加力(缆索护栏)	
	风荷载	可变作用
	人行道或自行车道栏杆荷载	
	汽车碰撞荷载	偶然作用
交通标志、防落物网、隔离栅、防眩设施、防风栅、防雪栅、警示限高架	结构重力(包括结构附加重力)	永久作用
	土的重力(设置于土基处)	
	土侧压力(设置于土基处)	
	风荷载	可变作用
	温度作用	
防撞限高架	结构重力(包括结构附加重力)	永久作用
	土的重力(设置于土基处)	

续表 3.5.1

设施类型	作用名称	作用分类
防撞限高架	土侧压力(设置于土基处)	永久作用
	风荷载	可变作用
	温度作用	
	汽车碰撞荷载	偶然作用
突起路标	汽车轮载	可变作用

3.5.2 公路交通安全设施的结构设计安全等级应符合现行《公路工程结构可靠度设计统一标准》(GB/T 50283)的规定。根据交通安全设施所处位置的具体情况,可调整结构设计安全等级,但不得低于表 3.5.2 规定的等级。

表 3.5.2　公路交通安全设施的结构设计安全等级

结构设计安全等级	设施类型
二级	特大桥上设置的护栏、防落物网、防风栅、防雪栅; 位于高速公路、一级公路上的悬臂式、门架式交通标志
三级	其他交通安全设施结构

3.5.3 永久作用应符合下列规定:
1　结构重力的标准值可按结构构件的设计尺寸与材料的重度计算确定。
2　预加力、土的重力和土侧压力应根据现行《公路桥涵设计通用规范》(JTG D60)的规定计算。
3　混凝土护栏和钢-混凝土组合式护栏设计宜考虑混凝土的收缩及徐变作用。

3.5.4 可变作用应符合下列规定:
1　风荷载标准值应根据现行《公路桥梁抗风设计规范》(JTG/T D60-01)的规定计算,基本风压重现期应采用 50 年。
2　突起路标的汽车轮载标准值应采用 70kN,车轮着地长度及宽度为 0.6m × 0.2m。
3　温度作用标准值应根据现行《公路桥涵设计通用规范》(JTG D60)的规定计算。
4　作用在人行道或自行车道栏杆立柱顶上的水平推力标准值应采用 0.75kN/m,作用在栏杆扶手上的竖向力标准值应采用 1.0kN/m。

3.5.5 偶然作用应符合下列规定:
1　护栏结构设计和安全性能评价采用的碰撞车型、碰撞速度和碰撞角度应满足现行《公路护栏安全性能评价标准》(JTG B05-01)的规定。当公路具体路段的车辆构成不包括规定的某种碰撞车型时,护栏结构设计和安全性能评价可不考虑该车型。
2　设计桥梁护栏试件时,其所承受的汽车横向碰撞荷载标准值应符合表 3.5.5 的规定。在综合分析公路线形、路侧危险度、运行速度、交通量和车辆构成等因素的基础上,采用的护栏防护等级低于一(C)级时,汽车横向碰撞荷载应按一(C)级计算;采用的护栏防护等级高于八(HA)级时,汽车横向碰撞荷载应根据实际的碰撞条件确定。

表3.5.5 桥梁护栏的汽车横向碰撞荷载标准值

防护等级	代码	标准值(kN) $D=0$m	标准值(kN) $D=0.3\sim0.6$m	分布长度(m)
一	C	70	55~45	1.2
二	B	95	75~60	1.2
三	A	170	140~120	1.2
四	SB	350	285~240	2.4
五	SA	410	345~295	2.4
六	SS	520	435~375	2.4
七	HB	650	550~500	2.4
八	HA	720	620~550	2.4

注:D为桥梁护栏的最大横向动态变形值。

3 防撞限高架的汽车碰撞荷载可按式(3.5.5)计算,作用方向与行车方向一致,作用点位于横梁几何中心。

$$F' = \frac{m|v_t - v_0|}{T} \tag{3.5.5}$$

式中:F'——限高架的汽车碰撞荷载(kN);

m——设计车辆总质量(t),应结合设置路段交通流实际调查结果确定;

v_0——碰撞前车辆运行速度(m/s),应结合设置路段交通流实际调查结果确定;

v_t——碰撞后车辆运行速度(m/s),应满足紧急制动情况下车辆在限高桥梁或隧道之前停车的要求;

T——车辆碰撞限高架的时间(s),可在0.1~1s范围内取值,柔性限高架取值1s,刚性限高架取值0.1s。

3.5.6 公路交通安全设施结构设计应根据使用过程中可能同时出现的作用,按承载能力极限状态和正常使用极限状态分别进行作用组合,并应取各自的最不利组合进行设计。公路交通安全设施结构设计应同时满足构造和工艺方面的要求。

3.6 设计协调与界面划分

3.6.1 公路交通安全设施应加强与公路土建工程和服务设施、管理设施之间的协调,从运行安全的角度优化土建工程和服务设施、管理设施的设置,避免缺项、漏项和出现安全隐患。公路交通安全设施的总体设计应符合公路总体设计的要求。

3.6.2 对影响公路土建工程和服务设施、管理设施设计方案的交通安全设施,应根据设计工序的要求,由交通安全设施设计单位提出相关设计标准、方案或要求。

3.6.3 在交通安全设施平面布设图上,应标示出沿线公路监控外场设备、照明灯柱等管理设施和服务设施等的设置位置。各类设施相互遮挡时,应予以调整,或同杆设置。

3.6.4 应根据现行《公路交通工程及沿线设施设计通用规范》(JTG D80)的规定,明确交通安全设施与公路土建工程和服务设施、管理设施之间的设计界面。

4 交通标志

4.1 一般规定

4.1.1 交通标志的分类、颜色、形状、线条、字符、图形、尺寸和设置等,应符合现行《道路交通标志和标线》(GB 5768)的规定。

4.1.2 交通标志所提供的信息应全部与交通安全、服务和管理需求有关,交通标志版面及支撑结构不应附带商业广告和其他无关的信息。

4.1.3 交通标志的设计应从便于驾驶人清晰辨识、正确理解、快速反应的角度出发,综合考虑公路功能、技术等级、路网布局、交通条件、环境条件、公路使用者及交通管理需求等因素,合理选择设置参数,科学确定设置方案。

4.1.4 交通标志的设计应考虑路网、路线和路段不同层面的信息需求,采用总体布局、逐层推进、重点设置的方法。

4.1.5 交通标志设计应包括下列内容:
1. 交通标志的设置位置、种类、信息内容;
2. 版面设计;
3. 支撑方式;
4. 标志板、支撑结构、连接件、基础的材料选取及设计;
5. 强度、稳定性验算;
6. 施工工艺要求等。

4.1.6 交通标志设计文件的编制应符合下列规定:
1. 交通标志设计文件中应包含路网关系图和交通标志平面布设图。
2. 路网关系图中应能清晰表达出所在区域周边道路名称及编号。
3. 平面交叉交通标志和标线应在同一布设图中进行标示。
4. 静态标志和可变信息标志应在同一平面布设图上进行标示。
5. 结构设计应提供结构分组类别和计算书。

4.2 设置原则

4.2.1 公路交通标志应以不熟悉周围路网体系但对出行路线有所规划的公路使用者为设计对象,为其提供清晰、明确、简洁的信息。

4.2.2 交通标志应针对具体路段情况,在交通安全综合分析的基础上进行系统布局和综合设置,与路段的实际交通运行状况相匹配。同一位置的交通标志数量不宜过多,交通标志之间不得相互矛盾。

4.2.3 警告标志应设置在公路本身及沿线环境存在影响行车安全且不易被发现的危险地点,并应在充分论证的基础上设置,不得过量使用。

4.2.4 禁令标志应设置在需要明确禁止或限制车辆、行人交通行为的路段起点附近醒目的位置。其中限制速度标志应综合考虑公路功能、技术等级、路侧开发程度、路线几何特征、运行速度、交通运行、交通事故和环境等因素,在交通安全综合分析的基础上,确定是否设置以及限速值和限速标志的形式,经主管部门认可后实施设置。

4.2.5 指示标志应根据交通流组织和交通管理的需要,在驾驶人、行人容易产生迷惑处或必须遵守行驶规定处设置。

4.2.6 指路标志应根据路网一体化的原则进行整体布局,做到信息关联有序,不得出现信息不足、不当或过载的现象。应根据公路功能、交通流向和沿线城镇分布等情况,依距离、人口和社会经济发展程度,优先选取交通需求较大的信息指示。

4.2.7 旅游区标志设置时应根据旅游景区的级别、路网情况等合理确定指引范围。当旅游区标志与其他交通标志冲突时,其他交通标志具有优先设置权限。

4.2.8 告示标志的设置,不得影响警告、禁令、指示和指路标志的设置和视认。

4.2.9 公路平面交叉处的交通标志应在综合考虑平面交叉的交通管理方式、物理形式、相交公路技术等级、交通流向等因素的基础上,遵循路权清晰、渠化合理、导向明确、安全有序的原则,合理确定不同交通标志综合设置方案,并与交通标线相互配合,引导车辆有序通过。

4.2.10 除特殊情况外,交通标志应设置在公路前进方向的车行道上方或右侧,其他位置的交通标志应仅视为正常位置的补充。交通标志设置具体位置应符合现行《道路交通标志和标线》(GB 5768)的规定,对于单向车道数大于或等于三条、交通量较大、大型车辆较多、视认条件不良等设置条件,应根据交通工程原理对交通标志的具体设置位置进行计算论证。

4.3 版面设计

4.3.1 交通标志版面应清晰易懂、简洁美观、导向明确、不存歧义,不得误导方向。图形、文字、箭头、符号、图形及边框等设计要素布局时,应符合下列规定:
 1 应正确处理颜色、文字、箭头、符号、图形及边框的关系,使版面清晰、美观。
 2 注意字距和行距的协调,汉字的字间距应明显小于行间距。
 3 一个地名或专用词组不应写成两行或两列。

4.3.2 交通标志文字应采用汉字,根据需要可与外文、少数民族等其他文字并用,文字种类最多不宜超过两种,汉字应排在其他文字上方,少数民族地区可根据相关规定调整文字位置。

4.3.3 交通标志文字字符应规范、正确、工整,采用交通标志专用字体,汉字字高和字宽等高。非特殊情况,汉字或字母不得拉伸、压缩、翘曲或以其他方式调整。交通标志文字横写时应由左至右书写。

4.3.4 当采用现行《道路交通标志和标线》(GB 5768)规定以外的图形或标志时,除应符合现行《道路交通标志和标线》(GB 5768)中的建议程序规定外,还应满足下列要求:
 1 标志内容宜采用图形方式,并应辅以文字说明。
 2 文字类禁令标志应为白底、红圈、红杠、黑文字,形状为圆形或矩形。
 3 文字类警告标志应为黄底、黑边、黑文字,形状为三角形或矩形。
 4 旅游区指引标志中采用代表景点特征的平面图形时,应为棕底白图形,可进行特色化设计。

4.3.5 根据实际需要交通标志可嵌套使用,同一版面中嵌套的禁令或指示标志的数量不宜多于4种;高速公路、隧道、特大桥路段的入口处,同一版面中的禁令或指示标志的数量不应多于6种。

4.3.6 交通标志的尺寸和文字高度应符合现行《道路交通标志和标线》(GB 5768)的规定,除特殊规定外,根据设计速度确定;当路段运行速度与设计速度之差大于20km/h时,宜按运行速度对版面规格和视认性加以检验。特殊情况下,经论证标志尺寸和文字大小可适当增加或减小。

4.3.7 几个独立的交通标志必要时组成一组,设置于同一支撑结构上,宜采用相同的版面形式、布局、板面高度或长度。

4.4 材料

4.4.1 交通标志材料应具有足够的强度、耐久性和抗腐蚀能力,并应因地制宜地采用适用、经济、轻型、环保的材料和结构,适当兼顾美观性。

4.4.2 交通标志板面应采用逆反射材料或安装照明设施,受线形、视觉环境、日照、气象条件等因素影响的路段,可安装照明设施或采用主动发光等手段提高视认性,但不得产生照度不均、眩光、跳闪等现象,不得影响昼夜条件下标志形状、颜色及视认和理解的一致性。

4.4.3 用于交通标志的反光膜逆反射性能应符合现行《道路交通反光膜》(GB/T 18833)的规定,选择反光膜等级时应遵循下列原则:
1 背景环境影响大、行驶速度快、交通量大的公路宜采用等级高的反光膜。
2 交通量小的公路,根据实际情况可选用较其他公路等级低的反光膜。
3 交通复杂、多车道、横断面变化、视距不良、观察角过大等特殊路段的禁令、警告标志,宜采用比同一条公路其他交通标志等级高的反光膜。
4 门架式、悬臂式等悬空类交通标志,宜采用比路侧交通标志等级高的反光膜。
5 受雨、雾等不良天气影响路段的交通标志,宜采用等级高的反光膜。

4.4.4 在下列情况下设置的禁令、指示、警告标志,宜采用Ⅴ类反光膜:
1 高速公路、一级公路主线小半径曲线及立体交叉小半径匝道路段;
2 交通较为复杂、视距不良、观察角过大的平面交叉或路段;
3 单向有三条或三条以上车道时;
4 公路横断面发生变化时;
5 大型车辆所占比例很大时。

4.4.5 可变信息标志应根据标志的类型、显示内容、控制方式、环保节能、经济性等要求,选择显示方式及材料。

4.5 支撑方式和结构

4.5.1 交通标志的支撑方式应根据设置位置的交通量、车型构成、车道数、构造物分布、路侧条件及承受的风荷载大小等因素综合确定。

4.5.2 当符合下列条件时,交通标志应采用悬臂式或门架式等悬空支撑方式:

1　路侧交通标志视认受到遮挡或影响;
2　路侧交通标志影响视距或交通安全;
3　路侧空间受限,无法安装柱式交通标志;
4　单向有三条或三条以上车道;
5　交通量达到或接近设计通行能力,或大型车辆所占比例很大;
6　枢纽型互通式立体交叉、形式复杂或出口间距较近的互通式立体交叉的出口指引标志;
7　互通式立体交叉出口匝道为多车道,或左向出口;
8　平面交叉预告和告知标志;
9　车道变换频繁的路段;
10　交通标志设置较为密集的路段;
11　位于城市区域的高速公路路段。

4.5.3 交通标志结构所承受的作用代表值、作用效应组合和结构设计方法应符合本规范第3.5节的规定,桥梁或特殊构造物上交通标志的支撑方式和结构设计应考虑对桥梁或特殊构造物荷载的影响。

4.5.4 悬臂式及门架式标志的横梁应设置向上的预拱度,其数值不应小于永久作用下结构材料产生的挠度值。

5 交通标线

5.1 一般规定

5.1.1 交通标线的分类、颜色、形状、字符、图形、尺寸,应符合现行《道路交通标志和标线》(GB 5768)和《公路交通标志和标线设置规范》(JTG D82)的规定。公路交通标线颜色的色度性能应符合现行《道路交通标线质量要求和检测方法》(GB/T 16311)的规定。

5.1.2 公路交通标线的设置应满足下列要求:
1 交通标线的设置应与交通组织及交通运行情况相匹配。
2 交通标线应与公路几何设计相协调。
3 交通标线应与交通标志等其他设施配合使用。

5.1.3 交通标线应按下列关键路径进行设计:
1 公路技术条件分析,包括技术等级、车道数、设计速度、断面变化、路线交叉等。
2 确定标线的设置标准与规模,包括根据需要设置的彩色防滑标线等。
3 一般路段交通标线设计,包括纵向标线、横向标线、其他标线等。
4 特殊路段交通标线设计,如隧道出入口路段等;特殊路段应作为一个独立的设计单元,并考虑交通标志、标线和护栏等设施的综合设置。
5 复杂区域交通标线设计,如路线交叉、收费广场等。

5.1.4 交通标线应采用反光标线,在交通标线正常使用年限内,交通标线的逆反射亮度系数应满足夜间视认性要求。突起路标与标线涂料配合使用时,应选用定向反光型,其颜色应与标线颜色一致。设置于对向车行道分界线、隧道内的突起路标,应采用双向反光型。

5.2 设置原则

5.2.1 一般路段的交通标线设计应符合下列规定:
1 高速公路和一级公路的一般路段应设置车行道边缘线、同向车行道分界线;二级及二级以下公路,除单车道外,应设置对向车行道分界线;二级及二级以下公路的下列路段应设置车行道边缘线：
  1）公路的窄桥及其上下游路段；
  2）采用最低公路设计指标的曲线段及其上下游路段；
  3）交通流发生合流或分流的路段；
  4）路面宽度发生变化的路段；
  5）路侧障碍物距车行道较近的路段；
  6）经常出现大雾等影响安全行车天气的路段；
  7）非机动车或行人较多的机非混行路段。

  2 二级公路设置慢车道时，应设置对向车行道分界线、同向车行道分界线和车行道边缘线。

  3 车行道边缘线应设置于公路两侧紧靠车行道的硬路肩内，未设置硬路肩的公路车行道边缘线应设置于公路两侧紧靠车行道的外边缘处。同向车行道分界线应设置于同向行驶的车行道分界处。

5.2.2 特殊路段的交通标线设计应符合下列规定：

  1 经常出现强侧向风的桥梁路段、隧道出入口路段、急弯陡坡路段、平面交叉驶入路段、接近人行横道线的路段，应设置禁止跨越同向车行道分界线。

  2 隧道出入口路段宜作为独立的设计单元，交通标线的设计应与交通标志、护栏、视线诱导等设施统筹考虑，综合设置。

  3 当公路中心或车行道中有上跨桥梁的桥墩、中央分隔带端头、标志杆柱及其他可能对行车安全构成威胁的障碍物时，应设置接近障碍物标线。

  4 在靠近公路建筑限界范围的跨线桥、渡槽等的墩柱立面、隧道洞口侧墙端面及其他障碍物立面上，中央分隔墩、收费岛、实体安全岛或导流岛、灯座、标志基座及其他可能对行车安全构成威胁的立体实物表面上，应设置立面标记或实体标记。

  5 学校、幼儿园、医院、养老院门前的公路没有行人过街设施的，宜施画人行横道线。

  6 在公路宽度或车行道数量发生变化的路段应设置过渡标线。

  7 需要车辆减速的路段可设置纵向或横向减速标线。

  8 设置减速丘的路段，应在减速丘前设置减速丘标线。

  9 穿城公路交通标线的设置除应满足本规范的要求外，尚应考虑城市道路交通标线的设置要求。

5.2.3 互通式立体交叉、服务区、停车区出入口交通标线的设计应符合下列规定：

  1 互通式立体交叉、服务区、停车区出入口交通标线应准确反映交通流组织的原则，公路出入口路段（加减速车道）适当位置宜设置禁止跨越同向车行道分界线。

  2 互通式立体交叉、服务区、停车区出入口处，应设置导向箭头，箭头的规格、重复次数应符合现行《道路交通标志和标线》（GB 5768）的规定。出口导向箭头应以减速车道渐变点为基准点，入口导向箭头应以加速车道起点为基准点。

3 服务区、停车区场区范围内,应根据场区交通组织设计及功能规划,分别设置停车位标线、车行道分界线、导向箭头等交通标线。

5.2.4 平面交叉渠化标线的设计应符合下列规定:
1 三级及三级以上公路之间形成的平面交叉应进行渠化设计,并设置渠化标线,有条件时宜设置渠化岛,路缘石高度不宜超过10cm;其他公路形成的平面交叉应设置与停车或减速让行标志配合使用的让行线。
2 平面交叉渠化标线应结合平面交叉实际情况和交通流实际特点进行设计。

5.2.5 收费广场交通标线的设计应符合下列规定:
1 进入收费广场应设置减速标线,各条减速标线的设置间距应根据驶入速度、广场长度经计算确定。收费岛迎车流方向应设置收费岛地面标线,收费岛上应设置实体标记。收费广场出口端可设置部分同向车行道分界线。
2 设置ETC车道的收费广场,应在ETC车道内设置ETC车道路面文字和标记,并配合设置有关指示和禁令标志。
3 单向收费车道数大于5条的收费广场宜在交通组织分析的基础上单独设计。

5.2.6 突起路标的设置宜符合下列规定:
1 下列情况下,宜在路面标线的一侧设置突起路标,并不得侵入车行道内:
1) 高速公路的车行道边缘线上;
2) 一级及一级以下公路隧道的车行道边缘线上;
3) 一级公路互通式立体交叉、服务区、停车区路段的车行道边缘线上;
4) 互通式立体交叉匝道出入口路段。
2 隧道的车行道分界线上宜设置突起路标。

6 护栏和栏杆

6.1 一般规定

6.1.1 公路路侧或中央分隔带应通过保障合理的净区宽度来降低车辆驶出路外或驶入对向车行道事故的严重程度。净区宽度计算方法应符合本规范附录 A 的规定。计算净区宽度得不到满足时,应按护栏设置原则进行安全处理。

6.1.2 护栏设计应体现宽容设计、适度防护的理念。

6.1.3 护栏标准段、护栏过渡段、中央分隔带开口护栏、防撞端头及防撞垫的防护等级及性能,应满足现行《公路护栏安全性能评价标准》(JTG B05-01)的规定。需要采用其他防护等级或碰撞条件时,应进行特殊设计,并经实车碰撞试验。

6.1.4 护栏的任何部分不得侵入公路建筑限界。

6.1.5 路侧护栏宜位于公路土路肩内。应根据路侧护栏和缓冲设施需要的宽度加宽路基或采取其他措施。

6.1.6 中央分隔带护栏应与中央分隔带内的构造物、地下管线相协调。

6.1.7 路侧、中央分隔带内土基压实度不能满足护栏设置条件时(一般不宜小于90%),或路侧护栏立柱外侧土路肩保护层宽度小于规定宽度时,应采取加强措施。

6.2 路基护栏

6.2.1 公路实际净区宽度与计算净区宽度不同时,应在交通安全综合分析的基础上,根据本节的规定,按照驶出路外或驶入对向车行道事故的风险确定是否设置护栏。

6.2.2 驶出路外或驶入对向车行道事故的风险应综合考虑驶出路外或驶入对向车行道的可能性以及事故严重程度等因素,并符合下列规定:
1 驶出路外或驶入对向车行道的可能性应根据所在路段的路线线形、交通量、交通组成以及环境条件等因素确定。

2 事故严重程度和运行速度、路侧条件有关,可分成低、中、高三个等级。

6.2.3 路侧计算净区宽度范围内有高速铁路、高速公路、高压输电线塔、危险品储藏仓库等设施时,事故严重程度等级为高,必须设置护栏。

6.2.4 路侧计算净区宽度范围内有下列情况时,事故严重程度等级为中,应设置护栏:

1 二级及二级以上公路边坡坡度和路堤高度在图6.2.4的Ⅰ区、Ⅱ区阴影范围之内的路段,三级、四级公路路侧有深度30m以上的悬崖、深谷、深沟等的路段;

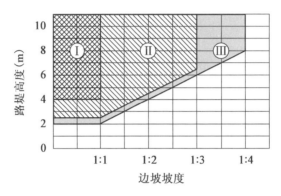

图6.2.4 边坡坡度、路堤高度与设置护栏的关系

2 有江、河、湖、海、沼泽等水深1.5m以上水域的路段;
3 有Ⅰ级铁路、一级公路等;
4 高速公路、一级公路路外设有车辆不能安全越过的照明灯、摄像机、交通标志、声屏障、上跨桥梁的桥墩或桥台、隧道入口处的检修道或洞门等设施的路段。

6.2.5 路侧计算净区宽度范围内有下列情况时,事故严重程度等级为低,宜设置护栏:

1 二级及二级以上公路边坡坡度和路堤高度在图6.2.4的Ⅲ区阴影范围之内的路段,三级、四级公路边坡坡度和路堤高度在图6.2.4的Ⅰ区阴影范围之内的路段;
2 二级及二级以上公路路侧边沟无盖板、车辆无法安全越过的挖方路段;
3 高出路面或开挖的边坡坡面有30cm以上的混凝土砌体或大孤石等障碍物;
4 出口匝道的三角地带有障碍物。

6.2.6 高速公路和作为干线的一级公路,整体式断面中间带宽度小于或等于12m,或者12m宽度范围内有障碍物时,必须设置中央分隔带护栏。中央分隔带事故严重程度可根据下列条件确定:

1 中央分隔带宽度小于2.5m且采用整体式护栏形式时,事故严重程度等级为高。
2 符合下列条件时,事故严重程度等级为中:
1) 对双向6车道高速公路,或未设置左侧硬路肩的双向8车道及以上高速公路,中央分隔带宽度小于2.5m并采用分设式护栏形式,同时中央分隔带内设有车辆不能安全穿越的障碍物的路段。

2）对双向 6 车道及以上一级公路,中央分隔带宽度小于 2.5m 并采用分设式护栏形式,同时中央分隔带内设有车辆不能安全穿越的障碍物的路段。

3 不符合本条第 1、2 款规定的条件时,事故严重程度为低。

6.2.7 作为集散的一级公路,整体式断面中间带应设置保障行车安全的隔离设施。根据交通安全综合分析结果,可考虑是否设置中央分隔带护栏,事故严重程度等级可参考本规范第 6.2.6 条的规定选取。

6.2.8 高速公路和一级公路采用分离式断面时,行车方向左侧应按路侧护栏设置。

6.2.9 一级公路平面交叉两端设置中央分隔带护栏和绿化设施时,不得影响通视三角区停车视距。

6.2.10 设置路基护栏的防护等级应符合表 6.2.10 的规定。

表 6.2.10 路基护栏防护等级的选取

公路等级	设计速度(km/h)	事故严重程度等级		
		低	中	高
高速公路	120	三(A、Am)级	四(SB、SBm)级	六(SS、SSm)级
	100、80			五(SA、SAm)级
一级公路	60	二(B、Bm)级	三(A、Am)级	四(SB、SBm)级
二级公路	80、60		三(A)级	
三级公路、四级公路	40	一(C)级	二(B)级	三(A)级
	30、20		一(C)级	二(B)级

注:括号内为护栏防护等级的代码。

6.2.11 存在下列情况时,导致事故发生可能性增加或后果更严重的路段,宜在表 6.2.10 的防护等级上提高 1 个等级:

1 二级及二级以上公路纵坡等于或接近于现行《公路工程技术标准》(JTG B01)规定的最大纵坡值的下坡路段;二级及二级以上公路圆曲线半径等于或接近于现行《公路工程技术标准》(JTG B01)规定的最小半径的路段外侧。

2 设计交通量中,总质量大于或等于 25t 的车辆自然数所占比例大于 20% 时。

6.2.12 年平均日设计交通量(AADT)小于 2 000 辆小客车且设计速度小于或等于 60km/h 的公路,宜进行交通安全及经济综合分析,确定是否设置护栏及护栏的防护等级。需要设置护栏时,其防护等级可在表 6.2.10 的基础上降低 1 个等级,但最小不得低于一(C)级。

6.2.13 迎交通流的护栏端头应按下列方法进行外展或设置缓冲设施：
1 外展至土路肩宽度范围外；具备条件时，宜外展至计算净区宽度外。
2 位于填挖交界时，应外展并埋入挖方路段不构成障碍物的土体内。
3 无法外展时，高速公路、一级公路及作为干线的二级公路应按本规范第6.5.1条和第6.5.2条的规定设置防撞端头，或在护栏端头前设置防撞垫；作为集散的二级公路及三级、四级公路宜采用地锚式端头，并进行警示提醒或设置立面标记。
4 作为干线的二级公路，宜考虑车辆碰撞对向车行道护栏下游端头的可能性。

6.2.14 不同防护等级或不同结构形式的护栏之间连接时，应进行过渡段设计。护栏过渡段的防护等级应不低于所连接护栏中较低的防护等级。

6.2.15 高速公路、一级公路及作为干线的二级公路的隧道出入口等位置，护栏应进行过渡段设计；作为集散的二级公路及三级、四级公路的隧道出入口等位置，护栏宜进行过渡段设计。

6.2.16 选择护栏形式时，应首先考虑护栏受碰撞后的变形量。路侧或中央分隔带护栏面距其防护的障碍物的距离，应大于护栏最大横向动态位移外延值(W)或车辆最大动态外倾当量值(VI_n)。

6.2.17 护栏最大横向动态位移外延值(W)或车辆最大动态外倾当量值(VI_n)的选择应根据防护车型和障碍物来确定。当防护的障碍物低于护栏高度时，宜选择护栏最大横向动态位移外延值(W)；当防护的障碍物高于护栏高度、公路主要行驶车型为大型车辆时，应选择车辆最大动态外倾当量值(VI_n)。

6.2.18 大型车辆所占比例较大的路段，除位于冬季风雪较大的地区外，中央分隔带护栏宜使用混凝土护栏。

6.2.19 冬季风雪较大的地区，宜选择少阻雪的护栏形式。

6.2.20 护栏形式选择还应考虑护栏材料的通用性、护栏的成本和养护方便性、沿线的环境等因素。

6.2.21 护栏最小结构长度应根据下列因素确定：
1 发挥护栏整体作用的最小结构长度应符合表6.2.21的规定，或根据护栏产品使用说明书确定。
2 护栏最小防护长度应根据车辆驶出路外的轨迹和计算净区宽度内障碍物的位置、宽度确定。

3 护栏最小结构长度应同时满足以上两个要求。

4 相邻两段护栏的间距小于护栏最小结构长度时宜连续设置。

5 通过过渡段连接的两种形式护栏的长度之和不应小于两种形式护栏的最小结构长度的大值。

表 6.2.21 护栏最小结构长度

公路等级	护栏类型	最小长度(m)
高速公路、一级公路	波形梁护栏	70
	混凝土护栏	36
	缆索护栏	300
二级公路	波形梁护栏	48
	混凝土护栏	24
	缆索护栏	120
三级公路、四级公路	波形梁护栏	28
	混凝土护栏	12
	缆索护栏	120

6.3 桥梁护栏和栏杆

6.3.1 桥梁护栏和栏杆设置应遵循下列原则：

1 各等级公路桥梁必须设置路侧护栏。

2 高速公路、作为次要干线的一级公路桥梁必须设置中央分隔带护栏，作为主要集散的一级公路桥梁应设置中央分隔带护栏。

3 设计速度小于或等于60km/h的公路桥梁设置人行道(自行车道)时，可通过路缘石将人行道(自行车道)和车行道进行分离；设计速度大于60km/h的公路桥梁设置人行道(自行车道)时，应通过桥梁护栏将人行道(自行车道)与车行道进行隔离。

6.3.2 根据车辆驶出桥外或进入对向车行道可能造成的事故严重程度等级，应按表6.3.2的规定选取桥梁护栏的防护等级，并应符合下列规定：

1 二级及二级以上公路小桥、通道、明涵的护栏防护等级宜与相邻的路基护栏相同。

2 公路桥梁采用整体式上部结构时，中央分隔带护栏的防护等级可按路基中央分隔带护栏的条件来确定。

3 因桥梁线形、桥梁高度、交通量、车辆构成、运行速度或其他不利现场条件等因素易造成更严重碰撞后果的路段，经综合论证，可在表6.3.2的基础上提高1个或以上等级。其中，跨越大型饮用水水源一级保护区和高速铁路的桥梁以及特大悬索桥、斜拉桥等缆索承重桥梁，防护等级宜采用八(HA)级。

表 6.3.2 桥梁护栏防护等级的选取

公路等级	设计速度（km/h）	车辆驶出桥外或进入对向车行道的事故严重程度等级	
		高:跨越公路、铁路或饮用水水源一级保护区等路段的桥梁	中:其他桥梁
高速公路	120	六(SS、SSm)级	五(SA、SAm)级
	100、80	五(SA、SAm)级	四(SB、SBm)级
一级公路	60	四(SB、SBm)级	三(A、Am)级
二级公路	80、60	四(SB)级	三(A)级
三级公路	40、30	三(A)级	二(B)级
四级公路	20		

注:括号内为护栏防护等级的代码。

6.3.3 选择桥梁护栏形式时应考虑下列因素:

1 所选取的护栏形式在强度上必须能有效吸收设计碰撞能量,阻挡小于设计碰撞能量的车辆越出桥外或进入对向车行道并使其正确改变行驶方向。

2 桥梁护栏受碰撞后,其最大动态位移外延值(W)或大中型车辆的最大动态外倾当量值(VI_n)不应超过护栏迎撞面与被防护的障碍物之间的距离。桥梁通行的车辆以小客车为主时,可选取小客车的最大动态位移外延值(W)为变形控制指标;桥梁外侧有高于护栏的障碍物时,应选取各试验车辆最大动态外倾当量值(VI_n)中的最大值为变形控制指标;桥梁外侧有低于或等于护栏高度的障碍物时,应选取各试验车辆最大动态位移外延值(W)中的最大值为变形控制指标。

3 环境和景观要求包括:

1) 钢结构桥梁宜采用金属梁柱式护栏。
2) 对景观有特殊要求的桥梁宜选用金属梁柱式护栏或组合式护栏。
3) 积雪严重地区的桥梁宜采用金属梁柱式护栏或组合式护栏。
4) 二级及二级以上公路小桥、通道、明涵的护栏形式宜与相邻的路基护栏相同。

4 需要减小桥梁自重、减轻车辆碰撞荷载对桥面板的影响时,宜采用金属梁柱式护栏。

5 除考虑护栏的初期建设成本外,还应考虑投入使用后的养护成本,包括常规养护、事故养护、材料储备和养护方便性等。

6.3.4 桥梁护栏的构造应符合下列规定:

1 金属梁柱式护栏的构造应满足下列规定:

1) 护栏迎撞面应顺适、光滑、连续,无锋利的边角,金属立柱与护栏横梁之间应满足防止车辆绊阻的宽度要求。

2) 车辆与护栏的位置关系如图6.3.4-1。各防护等级护栏的高度应满足下列规定:

①所有横梁横向承载力距桥面的加权平均高度$\bar{Y}$不应小于表6.3.4-1的规定值,$\bar{Y}$的计算方法如式(6.3.4)。

$$\overline{Y} = \frac{\sum(R_i Y_i)}{\overline{R}} \tag{6.3.4}$$

式中：R_i——第 i 根横梁的横向承载力(kN)；

Y_i——第 i 根横梁距桥面板的高度(m)。

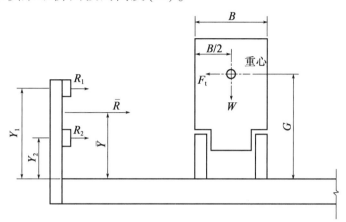

图 6.3.4-1　车辆与护栏的位置关系

注：$\overline{Y}$ 和 Y_i 的计算基线为：护栏迎撞面与桥面板平面的相交线。

如该处有路缘石，则应为护栏迎撞面与路缘石顶面的相交线。

表 6.3.4-1　金属梁柱式护栏横梁横向承载力距桥面的加权平均高度 $\overline{Y}$

防护等级	最小高度(cm)
二(B)	60
三(A)	60
四(SB)	70
五(SA)	80
六(SS)	90
七(HB)	100
八(HA)	110

②四(SB)级及以下防护等级的金属梁柱式护栏总高度不应小于 1.00m；五(SA)级金属梁柱式护栏总高度不应小于 1.25m；六(SS)级及以上防护等级的金属梁柱式护栏高度不应小于 1.5m。

3）护栏构件的截面厚度应根据计算确定，并不小于表 6.3.4-2 规定的最小值。

表 6.3.4-2　金属制护栏的截面最小厚度值

材料	截面形式	最小厚度值(mm)			
		主要纵向有效构件	纵向非有效构件和次要纵向有效构件	辅助板、杆和网	抱箍、辅助构件
钢	空心截面	3	3	3	3
	其他截面	4	3	3	3
铝合金	所有截面	3	1.2	3	1.2
不锈钢	所有截面	2	1.0	2	0.5

4) 横梁的拼接设计应满足下列要求：

①拼接套管长度应大于或等于横梁宽度的2倍，并不应小于30cm，如图6.3.4-2。

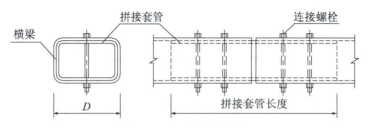

图 6.3.4-2 横梁的拼接

注：D 为横梁宽度。

②拼接套管的抗弯截面模量不应低于横梁的抗弯截面模量，连接螺栓应满足横梁极限弯曲状态下的抗剪强度要求。

③护栏迎撞面在横梁的拼接处可有凸出或凹入，其凸出或凹入量不得超过横梁的截面厚度或1cm。

5) 高速公路、一级公路的桥梁不宜设置路缘石。为减少护栏受到撞击而对桥面板产生的影响需要设置路缘石时，其高度宜控制在5~10cm之间。路缘石内侧宜与横梁迎撞面保持在同一平面内，或位于立柱和横梁迎撞面之间的适当位置。

6) 带有路缘石的人行道（自行车道）只能用于设计速度小于或等于60km/h且防护等级为二（B）级的桥梁，路缘石高度宜为15cm，不应超过20cm。路基路缘石与桥梁路缘石高度不一致时，应在其高差的20倍及以上的距离内进行过渡。设计速度大于60km/h的桥梁，人行道（自行车道）与车行道之间应设置桥梁护栏。

2 混凝土护栏和组合式护栏的构造应符合下列规定：

1) 混凝土护栏未经试验验证，不得随意改变护栏迎撞面的截面形状和连接方式，但其背面可根据实际情况采用合适的形状。

2) 各防护等级混凝土护栏的高度不应小于表6.3.4-3的规定值。

表 6.3.4-3 混凝土护栏的高度

防 护 等 级	高 度 （cm）
二（B）	70
三（A）	81
四（SB）	90
五（SA）	100
六（SS）	110
七（HB）	120
八（HA）	130

注：混凝土护栏高度的基线为内侧与路面的相交线。

各等级组合式护栏的总高度可在上述高度基础上增加10cm。

3) 护栏迎撞面混凝土的钢筋保护层厚度不得小于4.5cm。

4）护栏的断面配筋量根据计算确定,并应满足现行《公路钢筋混凝土及预应力混凝土桥涵设计规范》(JTG D62)中对最小配筋率的规定。

3 桥梁护栏应按下列规定随桥梁主体结构设置伸缩缝:

1）金属梁柱式护栏

①当伸缩缝处的纵向设计总位移小于或等于5cm时,伸缩缝应能传递横梁60%的抗拉强度和全部设计最大弯矩;伸缩缝处连接套管的长度应大于或等于横梁宽度的3倍。

②当伸缩缝处的纵向设计位移大于5cm时,伸缩缝应能传递横梁的全部设计最大弯矩;伸缩缝两侧应设置端部立柱,其中心间距不应大于2.0m;伸缩缝处连接套管的长度应大于或等于横梁宽度的3倍。

③当伸缩缝处发生竖向、横向复杂位移时,桥梁护栏在伸缩缝处可不连续,但应在伸缩缝两端设置端部立柱,其中心间距不应大于2.0m,两横梁端头的间隙不得大于伸缩缝设计位移量加2.5cm。横梁端头不得对碰撞车辆构成危险。

2）混凝土护栏

在桥面伸缩缝处应断开,其间隙不应大于桥面伸缩缝的设计位移量。在桥梁伸缩缝处的混凝土护栏上要预留桥梁伸缩缝安装孔,孔的大小根据伸缩缝的尺寸和弯起高度来确定。

3）组合式护栏

混凝土部分应符合混凝土护栏中有关伸缩缝设置的规定,金属结构部分应符合金属梁柱式护栏中有关伸缩缝设置的规定。

4 桥梁护栏根据需要可设置承受碰撞受力构件以外的辅助构件。所有辅助构件应与桥梁护栏受力构件牢固连接,并不得侵入公路建筑限界以内。

5 金属构件的密封和排水应符合下列规定:

1）空心断面构件应设置排水孔或在所有的拼缝处完全密封。

2）镀锌孔、排水孔的直径不应大于空心截面周长的1/12,镀锌前构件排水孔的孔径不应小于8mm(非镀锌构件不应小于6mm),并不大于15mm,其间距应大于70cm。镀锌孔、排水孔的位置应布设恰当。

6.3.5 位于桥梁人行道的栏杆构造应符合下列规定:

1 从人行道顶面起,人行道栏杆的最小高度应为110cm。

2 栏杆构件间的最大净间距不得大于14cm,且不宜采用横线条栏杆。采用金属网状栏杆时,网状开口不应大于5cm。

3 栏杆结构设计必须安全可靠,栏杆底座应设置锚筋。其受力条件应满足现行《公路桥涵设计通用规范》(JTG D60)的规定。

4 人行道栏杆构件之间的连接应采用能有效避免人员伤害且不易拆卸的方式。

5 兼具桥梁护栏与人行道栏杆功能的组合式护栏应同时满足人行道栏杆和桥梁护栏的构造要求。

6.3.6 位于桥梁自行车道的栏杆构造应符合下列规定：

1 从自行车道顶面起,自行车栏杆的最小高度应为140cm。

2 自行车道栏杆的间距、构件连接、基础固定和组合护栏等应满足本规范第6.3.5条的规定。

3 根据需要,可在距自行车道顶面110cm处附着具有一定宽度的摩擦梁,以避免不同高度自行车把的绊阻。

6.3.7 桥梁护栏与桥面板应进行可靠连接。

6.3.8 当桥梁护栏与路基护栏的结构形式不同时,应进行过渡段设计。相邻路基未设置护栏时,桥梁护栏应进行端部处理。

6.3.9 高速公路、一级公路及作为干线的二级公路的桥梁与隧道衔接处,桥梁护栏应进行过渡段设计；作为集散的二级公路及三级、四级公路的桥梁与隧道衔接处,桥梁护栏宜进行过渡段设计。

6.4 中央分隔带开口护栏

6.4.1 中央分隔带开口护栏设置应遵循下列原则：

1 高速公路的中央分隔带开口必须设置中央分隔带开口护栏。

2 作为次要干线的一级公路在禁止车辆掉头的中央分隔带开口处可设置中央分隔带开口护栏。

3 中央分隔带开口护栏宜设置在中央分隔带开口处的公路中心线位置,设置长度应能有效封闭中央分隔带开口。

4 中央分隔带开口护栏的高度应与中央分隔带护栏的高度协调一致。

5 中央分隔带开口护栏上部应设置轮廓标或反射体,颜色和设置高度宜与中央分隔带保持一致。

6 位于有防眩要求路段的中央分隔带开口护栏上宜设置防眩设施。

6.4.2 中央分隔带开口护栏防护等级宜与相邻路段保持一致。线形良好路段经论证可低于相邻路段1~2个等级,但高速公路中央分隔带开口护栏不得低于三(Am)级。

6.4.3 选取中央分隔带开口护栏形式时,应符合下列规定：

1 应有效地阻止非紧急车辆在中央分隔带开口处的通行。

2 中央分隔带开口护栏应方便开启与关闭、具有可移动性,宜在10min内开启10m及以上的长度。

3 应与相邻中央分隔带护栏能合理过渡。

4 中央分隔带开口处活动护栏的两固定端安装应牢固,连接部分应具有防盗功能。

6.5 缓冲设施

6.5.1 缓冲设施设置应遵循下列原则:

1 未进行安全处理的位于公路计算净区宽度内的路侧护栏,其上游端部应设置防撞垫或防撞端头。

2 高速公路的互通式立体交叉主线分流端、匝道分流端等应设置可导向防撞垫,隧道入口段洞口等位置未进行安全处理时宜设置可导向防撞垫。

3 孤立的上跨高速公路跨线桥中墩端部宜设置可导向防撞垫。

4 收费站导流岛端部可采用非导向防撞垫。

5 高速公路路侧计算净区宽度范围内有特殊形式的危险障碍物,不能采用其他方式进行有效安全防护时,应设置可导向防撞垫或非导向防撞垫。

6 防撞垫的平面布设应与公路线形相一致,设置于主线分流端、匝道出口或收费站导流岛前端时,防撞垫的轴线宜与防撞垫两侧公路路线交角的中心线相重叠,并与所在位置的其他公路交通设施相协调。

6.5.2 防撞端头、防撞垫的防护等级如表 6.5.2 所示,应根据公路的设计速度选取。因运行速度、交通量等因素易造成更严重碰撞后果的路段,应结合实际防护需求提高防撞端头、防撞垫的防护等级。

表 6.5.2 护栏防撞端头和防撞垫防护等级适用条件

设计速度(km/h)	设计防护速度(km/h)	防 护 等 级
120	100	三(TS)级
100	80	二(TA)级
80	60	一(TB)级

注:1.括号内为护栏端头防护等级的代码。
  2.设计速度为 60km/h 的公路上游端头可根据实际情况确定是否设置防撞端头。

7 视线诱导设施

7.1 一般规定

7.1.1 视线诱导设施应能对驾驶人进行有效视线诱导。

7.1.2 应加强公路视线诱导设施的设置。

7.1.3 不同视线诱导设施之间应协调设置。

7.1.4 视线诱导设施不得侵入公路建筑限界以内。

7.1.5 视线诱导设施的结构形式和材料应尽可能降低对误驶撞上的车辆和人员的伤害。

7.2 设置原则

7.2.1 轮廓标的设置应符合下列规定：

1 高速公路、一级公路的主线及其互通式立体交叉、服务区、停车区等处的进出匝道和连接道及避险车道应全线连续设置轮廓标，中央分隔带开口路段应连续设置轮廓标。二级及二级以下公路的视距不良路段、设计速度大于或等于60km/h的路段、车道数或车行道宽度有变化的路段及连续急弯陡坡路段宜设置轮廓标，其他路段视需要可设置轮廓标。

2 隧道侧壁应设置双向轮廓标。隧道内设有高出路面的检修道时，在检修道顶部靠近车行道方向的端部或检修道侧壁应增设轮廓标。

3 轮廓标应在公路前进方向左、右侧对称设置。高速公路、一级公路，按行车方向配置白色反射体的轮廓标应安装于公路右侧，配置黄色反射体的轮廓标应安装于中央分隔带。二级及二级以下公路，按行车方向配置的左右两侧的轮廓标均为白色。避险车道轮廓标颜色为红色。隧道路段、二级及二级以下公路，轮廓标宜设置为双面反光形式。

4 直线路段轮廓标设置间距不应超过50m，曲线路段轮廓标设置间距不应大于表7.2.1的规定。公路路基宽度、车道数量有变化的路段及竖曲线路段，可适当加密轮廓标的间隔。

表 7.2.1 曲线路段轮廓标的设置间距

曲线半径(m)	≤89	90~179	180~274	275~374	375~999	1 000~1 999	≥2 000
设置间距(m)	8	12	16	24	32	40	48

5 设置于隧道检修道上的轮廓标应保持同一高度，设置于其他位置的轮廓标反射器中心高度宜为60~75cm。有特殊需要时，经论证可采用其他高度。

6 在设置轮廓标的基础上，可辅助设置其他形式的轮廓显示设施，如在护栏立柱上粘贴反光膜等。

7 安装轮廓标时，反射体应面向交通流，其表面法线应与公路中心线成0°~25°的角度。

8 在线形条件复杂的路段应设置反光性能较高、反射体尺寸较大的轮廓标。

7.2.2 合流提示类标志的设置应满足本规范第4章和现行《公路交通标志和标线设置规范》(JTG D82)的有关规定。

7.2.3 线形诱导标的设置应满足本规范第4章和现行《公路交通标志和标线设置规范》(JTG D82)的有关规定。

7.2.4 隧道轮廓带的设置应符合下列规定：

1 特长隧道、长隧道可每隔500m设置一处隧道轮廓带。视距不良等特殊路段宜适当加密。

2 无照明的二级及二级以下公路隧道可视需要设置隧道轮廓带。

3 紧急停车带前适当位置宜设置隧道轮廓带。

4 隧道轮廓带的颜色宜采用白色，宽度宜为15~20cm。

5 隧道轮廓带应避免产生眩光。

7.2.5 三级、四级公路达不到护栏设置标准但存在一定危险因素的路段，宜设置示警桩、示警墩等设施，示警桩、示警墩的颜色应为黄黑相间。

7.2.6 未设置相应指路标志或警告标志的公路沿线较小平面交叉两侧应设置道口标柱，道口标柱的颜色应为红白相间。

8 隔离栅

8.1 一般规定

8.1.1 隔离栅应能有效阻止行人、动物误入需要控制出入的公路。

8.1.2 隔离栅应根据地形进行设置,隔离栅的高度不宜低于1.5m;在动物身高不超过50cm等人烟稀少的荒漠地区,经分析论证后隔离栅高度可降低10~20cm。靠近城镇区域的隔离栅高度不宜低于1.8m。

8.1.3 隔离栅的材料和结构形式应适应当地的气候和环境特点。

8.2 设置原则

8.2.1 除符合下列条件之一的路段外,高速公路、需要控制出入的一级公路沿线两侧必须连续设置隔离栅,其他公路可根据需要设置:
    1 路侧有水面宽度超过6m且深度超过1.5m的水渠、池塘、湖泊等天然屏障的路段;
    2 高度大于1.5m的路肩挡土墙或砌石等陡坎的填方路段;
    3 桥梁、隧道等构造物,除桥头、洞口需与路基隔离栅连接以外的路段;
    4 挖方高度超过20m且坡度大于70°的路段。

8.2.2 隔离栅遇桥梁、通道、车行和人行涵洞时,应在桥头锥坡或端墙处进行围封。

8.2.3 隔离栅遇跨径小于2m的涵洞时可直接跨越,跨越处应进行围封。

8.2.4 隔离栅的中心线可沿公路用地范围界限以内20~50cm处设置。

8.2.5 在进出高速公路、需要控制出入的一级公路的适当位置可设置便于开启的隔离栅活动门。

8.2.6 高速公路、需要控制出入的一级公路在行人、动物无法误入分离式路基内侧中间区域时,可仅在分离式路基外侧设置隔离栅;在行人、动物可误入分离式路基内侧中间区域的条件下,应在分离式路基内侧需要的位置设置隔离栅。分离式路基段遇桥梁、通道、车行和人行涵洞时,应按本规范第8.2.2条的规定处理。

8.2.7 隔离栅的网孔尺寸可根据公路沿线动物的体型进行选择,最小网孔不宜小于50mm×50mm。

8.2.8 隔离栅的结构设计应考虑风荷载作用下自身的强度和刚度。

9 防落网

9.1 一般规定

9.1.1 防落网应能阻止公路上的落物进入饮用水保护区、铁路、高速公路、需要控制出入的一级公路等建筑限界以内,或阻止挖方路段落石进入公路建筑限界以内。

9.1.2 防落物网距桥面的高度不宜低于1.8m。

9.1.3 防落石网应根据公路边坡的地形、落石规模、频率、冲击能力和灾害后果等因素进行设置,其结构应能承受设计边坡落石的冲击力作用。

9.2 设置原则

9.2.1 防落物网设置应符合下列要求:
1 上跨饮用水水源保护区、铁路、高速公路、需要控制出入的一级公路的车行或人行构造物两侧均应设置防落物网。
2 公路跨越通航河流、交通量较大的其他公路时,应设置防落物网。
3 需要设置防落物网的桥梁采用分离式结构时,应在桥梁内侧设置防落物网。
4 防落物网应进行防腐和防雷接地处理,防雷接地的电阻应小于10Ω。
5 防落物网的设置范围为下穿铁路、公路等被保护区的宽度(当上跨构造物与公路斜交时,应取斜交宽度)并各向路外延长10~20m,其中上跨铁路的防落物网的设置范围还应符合相关规定。

9.2.2 防落石网设置应符合下列要求:
1 根据路堑边坡的地质条件和土体、岩石的稳定性,在高速公路或一级公路建筑限界内有可能落石,经落石安全性评价对公路行车安全产生影响的路段,应对可能产生落石的危岩进行处理或设置防落石网,二级及二级以下公路有可能落石并影响交通安全的路段,可根据需要设置防落石网。
2 防落石网应充分考虑地形条件、地质条件、危岩分布范围、落石运动途径及与公路工程的相互关系等因素后加以设置。防落石网宜设置在缓坡平台或紧邻公路的坡脚宽缓场地附近,通过数值计算确定落石的冲击动能、弹跳高度和运动速度,并选取满足防护强度和高度要求的防落石网。

10 防眩设施

10.1 一般规定

10.1.1 防眩设施应按部分遮光原理设计,直线路段遮光角不小于8°,平、竖曲线路段遮光角为8°~15°,计算防眩设施的眩光距离采用120m。

10.1.2 防眩设施的设置不得影响公路的停车视距。

10.1.3 防眩设施设置应经济合理、因地制宜。

10.2 设置原则

10.2.1 高速公路、一级公路中央分隔带宽度小于9m且符合下列条件之一者,宜设置防眩设施:

1 夜间交通量较大,且设计交通量中,大型货车和大型客车自然交通量之和所占比例大于或等于15%的路段;
2 设置超高的圆曲线路段;
3 凹形竖曲线半径等于或接近于现行《公路工程技术标准》(JTG B01)规定的最小半径值的路段;
4 公路路基横断面为分离式断面,上下车行道高差小于或等于2m时;
5 与相邻公路、铁路或交叉公路、铁路有严重眩光影响的路段;
6 连拱隧道进出口附近。

10.2.2 非控制出入的一级公路平面交叉、中央分隔带开口两侧各100m(设计速度80km/h)或60m(设计速度60km/h)范围内可逐渐降低防眩设施的高度,由正常高度逐步过渡到开口处的0高度,否则不应设置防眩设施。穿村镇路段不宜设置防眩设施。

10.2.3 公路沿线有连续照明设施的路段,可不设置防眩设施。

10.2.4 在干旱地区,中央分隔带宽度小于3m的路段不宜采用植树防眩。

10.2.5 防眩设施连续设置时应符合下列规定：

1 应避免在两段防眩设施中间留有短距离不设置防眩设施的间隙。

2 各结构段应相互独立，每一结构段的长度不宜大于12m。

3 结构形式、设置高度、设置位置发生变化时应设置渐变过渡段，过渡段长度以50m为宜。

11 避险车道

11.1 一般规定

11.1.1 避险车道应设置交通标志、标线、轮廓标等交通安全设施。

11.1.2 高速公路避险车道宜设置照明、监控等管理设施,其他等级公路根据需要可设置照明、监控等管理设施。各等级公路的避险车道应在适当位置设置救援电话告示标志。

11.1.3 避险车道应设置完备的排水系统。

11.2 设置原则

11.2.1 在连续下坡路段,应根据车辆组成、坡度、坡长、平曲线等公路线形和交通特征以及交通事故等因素,在货车因长时间连续制动而制动失效风险高的路段结合路侧环境确定是否设置避险车道以及具体设置位置。

11.2.2 避险车道宜设置在连续下坡路段右侧视距良好、车辆不能安全转弯的主线平曲线之前或路侧人口稠密区之前的路段。避险车道宜沿较小半径的平曲线路段的切线方向,如设置在直线或大半径曲线路段时,避险车道与主线的夹角宜小于5°。

11.2.3 避险车道入口之前宜采用不小于表11.2.3规定的识别视距。条件受限制时,识别视距应大于1.25倍的主线停车视距。

表11.2.3 避险车道入口的识别视距

制动床入口设计速度(km/h)	120	100	80	60
识别视距(m)	350～460	290～380	230～300	170～240

11.2.4 避险车道的设置位置及形式宜结合地形、线形条件确定,设置位置处宜避开桥梁,并应避开隧道。

11.2.5 避险车道制动床的宽度宜为4～6m。高速公路宜设置救援车道,救援车道的宽度宜为 5.5m,救援车道与制动床间应设置具有反光性能的隔离设施。

11.2.6 避险车道制动床的长度应根据车辆驶入速度、避险车道纵坡及坡床材料综合确定。

11.2.7 避险车道制动床材料宜采用具有较高滚动阻力系数、陷落度较好、不易板结和被雨水冲刷的卵(砾)石材料,材料粒径以 2~4cm 为宜。

11.2.8 避险车道制动床末端应增设防撞桶、废轮胎等缓冲装置或设施。

11.2.9 在避险车道长度不能满足要求时,经论证可在制动床中段以后适当位置设置阻拦索或消能设施,阻拦索或消能设施的安全性应经过实车试验验证。阻拦索或消能设施宜进行防盗处理。

12 其他交通安全设施

12.1 防风栅

12.1.1 公路防风栅设计应符合下列规定：
1 受强侧风影响路段，防风栅应与交通标志、交通标线(含彩色防滑标线)等设施统筹考虑。
2 桥梁上设置防风栅时，应对桥梁气动稳定性和桥梁受力进行验证。

12.1.2 公路上路侧横风与公路轴线交角大于30°，且符合下列条件之一时，可在路侧上风侧设置防风栅：
1 设计速度大于或等于80km/h的公路上常年存在风力大于七级的路段；
2 设计速度小于80km/h的公路上常年存在风力大于八级的路段；
3 隧道洞口、垭口、大桥等路段，瞬时风速大于表12.1.2的规定值时。

表 12.1.2 行车安全风速

公路设计速度(km/h)	100	80	60	40	20
风速(m/s)	15	17	19	20	20

12.2 防雪栅

12.2.1 公路防雪栅设计应符合下列规定：
1 防雪栅设计应有效降低风吹雪对车行道上车辆的不利影响，同时兼顾对公路路基的防护。
2 防雪栅应设置在公路迎风一侧。当地形开阔、积雪量过大、风力很大时，可设置多排防雪栅。

12.2.2 在风吹雪量较大且持续时间长、风向变化不大的路段，可设置固定式防雪栅。在风向多变、风力大、雪量多的路段，可采用移动式防雪栅。

12.3 积雪标杆

12.3.1 公路积雪标杆设计应符合下列规定：
1 公路积雪标杆宜设置在公路土路肩上，设置位置不得侵入公路建筑限界以内。
2 积雪标杆的设置间距可参考轮廓标的设置间距。

12.3.2 降雪量较大、持续时间长且积雪覆盖车行道的公路路段，可设置积雪标杆。

12.4 限高架

12.4.1 公路限高架设计应遵循下列原则：
1 公路上跨桥梁或隧道内净空高度小于4.5m时可设置防撞限高架，上跨桥梁或隧道内净空高度小于2.5m时宜设置防撞限高架。在进入上述路段的路线交叉入口处适当位置，宜同时设置限高要求相同的警示限高架。
2 根据交通运营管理的规定，需要限制通行车辆的高度时，可设置防撞或警示限高架。
3 限高架应与限高标志配合使用，限高架下缘距离路面高度不得小于限高标志限定的高度值。根据需要，可配置车辆超高监测预警系统。
4 限高架可根据需要设计为高度可调节的结构。

12.4.2 警示限高架与上跨桥梁或隧道的距离应满足驾驶人反应距离与制动距离需求，防撞限高架与上跨桥梁或隧道的距离应满足车辆碰撞后运行速度的制动距离需求。

12.5 减速丘

12.5.1 减速丘可用于三级、四级公路进入城镇、村庄的路段，或者进入干线的支路上。

12.5.2 减速丘的设置应全断面铺设，并设置相应的减速丘标志、标线、建议速度或限制速度标志。

12.6 凸面镜

12.6.1 凸面镜可用于公路会车视距不足的小半径弯道外侧。

12.6.2 凸面镜宜与视线诱导设施配合使用。

12.7 其他设施

12.7.1 除本章所列各类交通安全设施外,可根据需要设置其他必要的设施。

附录 A 净区宽度计算方法

A.0.1 净区宽度可分为计算净区宽度和实际净区宽度。

A.0.2 计算净区宽度应根据公路平面线形指标状况、路基填挖情况、运行速度确定，并符合下列规定：

1 直线段计算净区宽度宜根据路基的填方、挖方情况分别由图 A.0.2-1 和图 A.0.2-2确定。

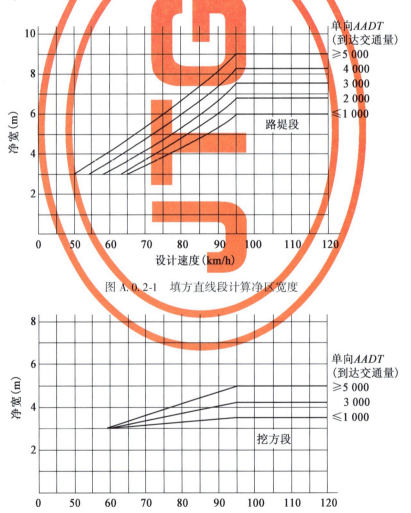

图 A.0.2-1 填方直线段计算净区宽度

图 A.0.2-2 挖方直线段计算净区宽度

2 曲线段计算净区宽度宜采用相同路基类型对应的直线段计算净区宽度乘以调整系数 F_c 进行修正,其中 F_c 由图 A.0.2-3 查得。

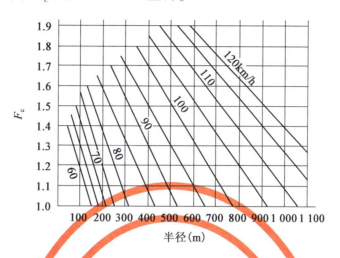

图 A.0.2-3 曲线段计算净区宽度调整系数 F_c

A.0.3 实际净区宽度应为从外侧车行道边缘线开始,向公路外侧延伸的平缓、无障碍物区域的有效宽度,包括硬路肩、土路肩及可利用的路侧边坡,并应符合下列规定:

1 当路侧边坡坡度缓于 1:6 时,有效宽度为整个边坡坡面宽度。
2 当路侧边坡坡度在 1:4 和 1:6 之间时,有效宽度为整个边坡坡面宽度的 1/2。
3 当路侧边坡坡度陡于 1:4 时,边坡上不能行车,不作为有效宽度。
4 路侧存在未设盖板的砌石边沟、排水沟区域时,不作为有效宽度。
5 路侧存在不可移除的行道树、花坛、标志立柱或其他障碍物时,不作为有效宽度。

本规范用词说明

本规范执行严格程度的用词,采用下列写法:
1) 表示很严格,非这样做不可的用词,正面词采用"必须",反面词采用"严禁";
2) 表示严格,在正常情况下均应这样做的用词,正面词采用"应",反面词采用"不应"或"不得";
3) 表示允许有选择,有条件时首先应这样做的用词,正面词采用"宜",反面词采用"不宜";
4) 表示有选择,在一定条件下可以这样做的用词,采用"可"。

附件

《公路交通安全设施设计规范》

(JTG D81—2017)

条文说明

1 总则

1.0.1 2006年7月,原交通部发布了《公路交通安全设施设计规范》(JTG D81—2006,以下简称《设计规范》)和《公路交通安全设施施工技术规范》(JTG F71—2006),自2006年9月1日起施行,原《高速公路交通安全设施设计及施工技术规范》(JTG 074—94)同时废止。

《设计规范》适应了我国当时公路建设新理念的要求,突出了"以人为本、安全至上"的指导思想,适用范围由高速公路、一级公路扩大到新建和改建的各等级公路;进一步明确了公路护栏的防撞性能,调整、扩充了护栏的防护等级,对护栏的设置原则作了较大修改,完善了护栏端部处理和过渡处理的内容;增加了交通标志、标线和中央分隔带开口护栏的内容;重点强调了设计原则和设计方法,并为新技术的开发和应用留有余地;引入了路侧安全净区、宽容设计、运行速度和安全性评价等概念。

《设计规范》施行几年来,有效地提升了我国公路交通安全设施的设计水平,促进了公路安全设施应用的规范性和科学性,为预防和减少交通事故、保护生命、保障各等级公路的交通安全发挥了重要作用。随着我国公路建设事业的迅猛推进,交通安全设施也在各等级公路中进行了大量的应用。在具体实践中发现,《设计规范》尚存在一些不能很好地适应我国大规模的公路建设需要的问题,具体表现为:

(1) 设置方面

在总体设计上,如何加强主动引导设施的设置、合理设置被动防护设施的原则需要进一步明确;

路侧净区的宽度如何根据公路设计速度或运行速度、交通量、几何技术指标(平、纵、横)等因素来确定;

中央分隔带护栏的设置如何体现公路等级、交通量、景观要求等因素;

如何使护栏设置的等级更加精细化;

针对我国大型车辆越来越多的趋势,在《设计规范》中采取什么措施,来提高相关公路的交通安全保障水平。

(2) 护栏受碰撞后的变形方面

对各类护栏受碰撞后允许的变形量需要提出要求。

(3) 形式选择方面

护栏形式的选择如何更好地体现安全与景观的因素,低等级公路如何采用经济有效的防护措施需要进一步明确。

(4) 结构计算方面

桥梁护栏结构的计算模型与方法需进一步细化等。

此外,对多车道高速公路、低等级公路、改扩建工程和公路网络化发展带来的交通安全设施设置方面的新问题的规定有所欠缺或不够具体,在使用操作性方面还有需要改进的空间。

本次《设计规范》的修订工作,从我国实际国情和公路交通发展状况出发,全面总结了2006年以来我国各等级公路交通安全设施的使用经验,总结、吸取了国内外公路建设和公路安全研究领域取得的先进经验与失败教训,对现行《设计规范》进行了适当调整和补充完善,更加提高了针对性和可操作性,强化了安全设施设计的系统性和设置的科学性,突出了其主动引导、方便认知、保持交通流稳定顺畅方面的功能,加强了新技术的应用,使该规范更加科学、实用、易于掌握,以期进一步提升公路安全保障水平,更好地服务群众安全、便捷出行。

1.0.3 《设计规范》2006版公路交通安全设施的内容包括护栏、交通标志、交通标线、隔离栅、桥梁护网、防眩设施、轮廓标和中央分隔带开口护栏等。根据现行《公路工程技术标准》(JTG B01)的编排顺序,考虑到交通安全设施的使用功能,本次修订的排列顺序调整为交通标志、交通标线、护栏和栏杆、视线诱导设施、隔离栅、防落网、防眩设施、避险车道和其他交通安全设施(包括防风栅、防雪栅、积雪标杆、限高架和凸透镜等)。主要变化如下:

(1) 将"交通标志""交通标线"的编排顺序前置,突出主动引导设施的功能;

(2) 将"路基护栏、桥梁护栏、中央分隔带开口护栏"等合并为"护栏"一章,并增加了"缓冲设施";

(3) 将"轮廓标"扩充为"视线诱导设施",增加了隧道等特殊路段的边缘指示;

(4) "桥梁护网"扩充为"防落网",包括"防落物网"和"防落石网"两类;

(5) 新增"避险车道"一章;

(6) 新增"其他交通安全设施"一章,包括"防风栅、防雪栅、积雪标杆、限高架、减速丘和凸面镜"等。

1.0.4 研究表明:产生道路交通事故的原因中,约95%的交通事故与人的因素有关;约28%的交通事故与道路环境因素有关;约8%的交通事故与车辆因素有关,如图1-1。三个因素中的不利条件组合起来,就容易导致交通事故的发生。因此,从预防交通事故发生的角度,要积极消除三个因素中的不利条件,以"人"为参考标准,通过良好的道路设计使其能适应于人的能力极限;通过先进的技术使车辆能简化驾驶人的工作任务,并尽可能高效地保护弱势人员;道路使用者要受到适当的教育、能获取必要的信息、能有效控制自己的行为。

公路交通安全设施作为公路交通环境的一部分,可以通过加强主动引导、完善路侧宽容设计、适度设置防护设施等措施消除公路交通环境中的部分不利因素,为提高公路交通安全水平发挥自己的作用。

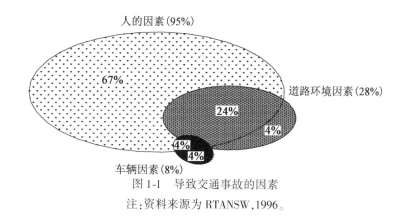

图 1-1 导致交通事故的因素

注：资料来源为 RTANSW,1996。

为实现其功能,公路交通安全设施的设计不但要考虑公路技术条件(决定了公路的线形指标和车辆的运行速度)、地形条件(不同的地形条件对安全设施的要求不同,如山区公路长大陡坡、小半径曲线外侧等事故易发路段,要求更高的安全设施设置标准)、交通条件(车型不同,车辆的制动距离、运行速度、灵活度不同;大型车辆较多时,对护栏等设施的防护要求更高,同时还要考虑小型车辆驾驶人能否及时发现并认读交通标志),而且还要考虑周边路网条件和环境条件,进行总体设计,这样才能从公路使用者的角度出发,更好地为其提供优质服务。

对公路的行政等级是否应作为交通安全设施设计的考虑因素,根据对全国各省(自治区、直辖市)交通运输厅(委、局)、公路管理机构和设计单位的调研结果,约 2/3 的单位和专家认为公路的行政等级并不直接影响交通安全,不必作为设计的考虑因素。但行政等级与公路功能和交通构成相关,在交通标志指路信息的选取时需要考虑。

交通安全设施之间、交通安全设施与公路土建工程和其他设施之间需要互相协调、配合使用。如交通标志与交通标线之间的含义不能相互矛盾,交通标志与监控外场设备之间不能互相遮挡,护栏之间的形式不一致时要进行过渡处理,公路上设置减速丘时要设置相应的交通标志、标线等。

1.0.5 为满足公路使用者安全行车的需要,公路交通安全设施要具有四类使用功能,分别为主动引导、被动防护、全时保障、隔离封闭。其中,主动引导、全时保障、隔离封闭设施可以起到事故预防的作用,有效避免交通事故的发生,而被动防护设施的合理设置可以有效降低事故的严重程度。公路交通安全设施在设计时,对于已开展公路交通安全评价的项目,建议以评价结论为基础;未开展公路交通安全评价的项目,需要进行交通安全综合分析。从公路使用者的角度出发,要优先设置主动引导设施,根据实际需要,合理设置被动防护设施,以充分体现驾驶人及其他公路使用者的需求,为其安全、便捷、舒适的出行提供多方面的支持和保障。

1.0.6 公路在运营过程中,当路面技术指标低于规定值时,需要采取加铺、罩面等措施,使得部分交通安全设施,如护栏的高度、交通标志的高度等受到一定程度的影响,严重的会影响其使用功能。对这些情况,需要在设计时采取一定的措施,如适当增加交通标志的高度;混凝土护栏可适当加高并采用单坡型;波形梁或缆索护栏立柱适当加长并预留连接孔,也可采用迫紧器抽换式混凝土基础的方式来安装立柱。图1-2为采用铸钢材料制作的迫紧器抽换式混凝土基础示意图。

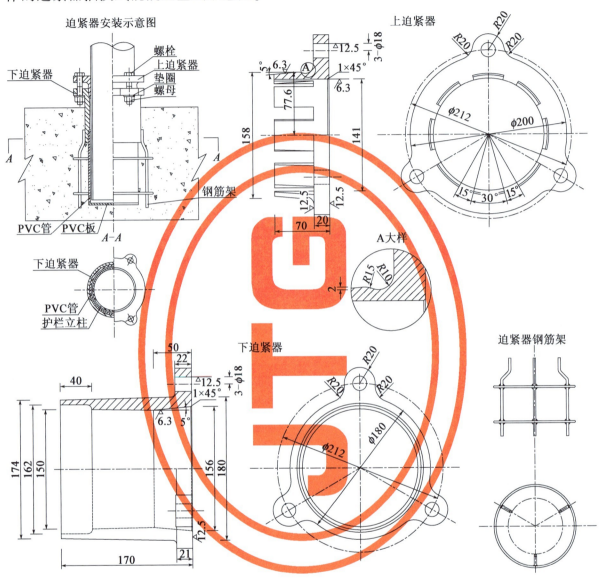

图1-2 迫紧器抽换式混凝土基础示意图(ϕ140mm 规格)(尺寸单位:mm)

改扩建公路工程需要充分考虑既有公路的交通安全运营特征,在对其进行调查与综合分析的基础上,结合改扩建后的公路条件(包括公路等级、设计速度等)、交通条件、环境条件等进行交通安全设施的设计。对既有交通安全设施,从资源节约和环境保护的角度来说,需要合理利用并对存在的缺陷加以完善。

1.0.8 近年来,国内外公路交通安全设施领域的新技术、新材料、新工艺、新产品不断出现,在设计中采用时,需要注意以下几个方面的因素:

任何新技术、新材料、新工艺、新产品首先需要满足安全和使用功能方面的要求,要通过有关权威机构的试验验证,符合相关标准、规范的要求。如护栏方面的产品可按照现行《公路护栏安全性能评价标准》(JTG B05-01)的规定确定该产品能否达到相应的防护性能;标线涂料、防眩板能否满足相关规范中规定的功能要求等。

其次还要考虑耐久性、建设成本、养护成本、美观、防盗等因素。

在必要的条件下,需要经过现场试验段的检验。

经上述充分论证后,才可以采用公路交通安全设施的新技术、新材料、新工艺和新产品。对于经实践验证为可靠的新技术、新材料、新工艺和新产品,要积极推广使用。

2 术语

2.0.1 国内外研究成果表明:保证一定宽度的净区可以使绝大多数驶出路外的车辆恢复正常行驶。净区宽度可分为计算净区宽度和实际净区宽度,附录 A 提供了计算方法。前者为驶出车行道的车辆重返公路提供了容错空间,为理想值,如图 2-1 所示;后者为实际路况可达到的宽度值。中央分隔带和分离式路基左侧净区宽度的含义与路侧相同,如图 2-2 所示。

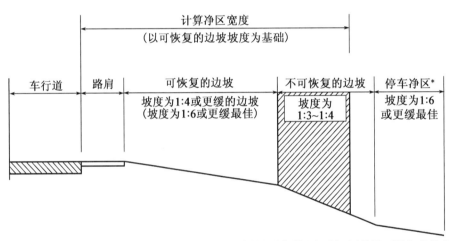

图 2-1 计算净区宽度示意

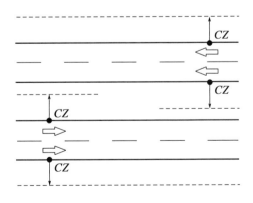

图 2-2 路侧与中央分隔带净区示意
注:图中"CZ"为计算净区宽度。

2.0.10～2.0.12 "可以减缓冲击、降低碰撞车辆和车内人员伤害"、"起阻挡、缓冲和导向作用"是根据《公路护栏安全性能评价标准》(JTG B05-01—2013)判定的。

2.0.13 隔离设施起分隔对向机动车、分隔同向机动车和非机动车的作用,没有要求具有防撞性能,不包含标线。

3 总体设计

3.1 一般规定

3.1.1 根据现行《中华人民共和国安全生产法》第二十八条"生产经营单位新建、改建、扩建工程项目(以下统称建设项目)的安全设施,必须与主体工程同时设计、同时施工、同时投入生产和使用。安全设施投资应当纳入建设项目概算。"做出本款规定。

3.1.2 公路交通安全设施为公路工程的重要组成部分,其总体设计也是公路工程总体设计的一部分。其主要作用是:

(1) 协调设计界面:包括明确交通安全设施与公路土建工程、服务设施和管理设施等专业之间的关系和界面,并确定各专业之间的设计优先顺序,即设计过程中哪个专业为主导,对整个工程的设计起控制作用,哪个专业需要配合,对整个工程进行功能完善。

(2) 统一设计原则:公路工程分期修建时,交通安全设施需要与公路土建工程统一设计、分期实施;公路工程由两个或以上单位设计时,需要由一个单位负责统一各设计单位的设计原则、技术标准、建设规模和主要技术指标。

(3) 提出文件编制内容:针对公路工程的特点和不同设计阶段的要求,提出各阶段设计文件的构成和具体内容。

3.1.3 公路交通安全设施的总体设计需要充分收集土建工程设计图纸、概预算定额、所在路网交通工程及沿线设施设计资料、所在地区公路交通主管部门制定的公路网规划和交通安全设施设计的相关技术要求,以及交通安全评价结论,据以作为确定项目特点、功能和定位、有针对性地开展设计的依据。

公路交通安全设施设计前,需要开展现场调研工作,向公路养护、交通管理和驾驶人征求对现状相关路网交通安全设施设置的意见和建议,据此可以改进和完善公路交通安全设施的设计工作。

3.1.4 本条对总体设计的内容进行了规定。对于公路工程分期修建的总体设计,需要增加分期实施的内容;对于多单位承担设计的总体设计,需要由负责单位协调参与单位共同确定。

3.1.5 与新建项目相比,公路改扩建项目需要对既有的交通安全设施的现状、运营过程中存在的问题、公路运营管理部门和公路使用者的需要进行全面调查,并对其可利用性做出综合分析。根据调查和综合分析结论,提出既有设施的再利用方案、临时交通安全设施的设计内容及主要方案、交通安全设施的造价测算等。

3.2 项目和路网特征分析

3.2.3 《公路工程技术标准》(JTG B01—2014)第1.0.10条规定:"二级及以上的干线公路应在设计时进行交通安全评价,其他公路在有条件时也可进行交通安全评价"。

公路项目安全性评价是指从公路使用者的角度,按一定的评价程序,采用定性和定量的方法,对公路交通安全进行全面、系统的分析与评价。我国交通运输部2015年12月发布了《公路项目安全性评价规范》(JTG B05—2015),对安全性评价的程序和方法进行了规定。

考虑到本规范的使用范围为"新建和改扩建的各等级公路交通安全设施的设计",已经开展交通安全评价的项目,交通安全设施设计人员要收集相关评价资料,通过分析确定公路运行中可能存在的安全风险和隐患路段(点)和安全设计重点;未开展交通安全评价的项目,需要设计人员从公路使用者的角度出发,借鉴交通安全评价的思路和方法,对项目进行交通安全综合分析,确定可能存在的隐患路段(点)和安全设计重点。

3.3 设计目标

3.3.1 本条结合交通安全设施的功能要求和建设成本,提出从服务、安全、管理、环境、成本等方面确定交通安全设施的设计目标。这里并非是指每一个项目均要实现这五个方面的目标,而是要根据项目特点和实际条件,合理确定其设计目标。如旅游公路,重点需要从服务、安全和环境方面提出设计目标,而成本可不作为重点。

(1) 服务方面:公路交通安全设施设计单位需要加强与项目建设单位和土建工程设计单位之间的协调,准确掌握土建工程的设计指导思想和原则,明确交通安全设施的服务对象和范围,合理确定"服务"设计目标。

(2) 安全方面:结合本规范第3.2.3条确定的安全风险和隐患路段(点)及安全设计重点,提出"安全"方面的设计目标,如护栏的防护能量、中央分隔带开口护栏的防护等级等。

(3) 管理方面:公路交通安全设施设计单位通过加强与项目运营和养护管理等单位的协调,准确掌握公路运营管理的需求,如速度控制、允许通行的车辆、建筑限界控制等。通过交通安全设施的设计,实现"利于管理"的设计目标。

(4) 环境方面:对于穿越环境敏感区的公路,需要提出减少对自然环境破坏、与自然环境相协调的设计目标,如采用图形化交通标志、设置通透式护栏等。

(5) 成本方面:需要从全寿命周期成本和运营养护需求的角度,提出效益投资比最大化和降低运营养护成本的目标。全寿命周期成本管理起源于美国军方,主要用于军事物资的研发和采购,适用于产品使用周期长、材料损耗量大、维护费用高的产品领域。2005年,我国开始在公路工程的勘察设计中引进这一理念,即要从项目生命周期的全过程去看待成本,把公路放在环境和社会的大系统中去考察其成本。对于交通安全设施的设计来说,不但要注重项目的初期建设成本,还要注重其后期维修和养护成本,如常规养护、事故养护、材料储备以及养护修复的方便性等发生的费用。交通安全设施的设计还要有一定的前瞻性,即在投入使用后,不能因为后期发生的少量路面加铺、罩面等养护工作而失去或大幅度降低其使用功能。

3.3.2 交通安全设施的再利用一般包括直接利用、改造利用、作为临时设施和作为材料加以利用等方式。从资源节约的角度,公路改扩建项目要将既有交通安全设施的再利用率作为一个设计目标。此外,为满足边通车、边施工的需要,临时交通安全的设置也要提出一些设计目标,如交通标志的版面、护栏的防护等级等。

3.4 设置规模

3.4.1 交通安全设施按照可实现的功能,可以划分为主动引导、被动防护、隔离封闭、全时保障、控制出入等设施:

主动引导设施包括交通标志、交通标线、视线诱导设施、积雪标杆、凸面镜等,为驾驶人提供路网信息和公路轮廓,使车辆保持在车行道以内。

被动防护设施包括护栏(含路基护栏、桥梁护栏、中央分隔带开口护栏、缓冲设施)、避险车道等,为失控车辆提供防护和逃生通道。

隔离封闭设施包括隔离栅、防落网、防风栅、防雪栅等,以保障公路的运行畅通。

全时保障设施除主动引导设施外,还包括防眩设施等。

控制出入设施包括限高架、减速丘等,对不符合规定的车辆禁止入内,或者强制车辆减速。

同一种交通安全设施往往具有多重功能,如反光交通标志、标线不但是主动引导设施,也是有效的全时保障设施,本条主要是依据交通安全设施的主要功能来划分的。

公路交通安全设施的设置规模,需要在综合考虑所在路网规划、公路功能、技术等级、交通量、车型组成和环境等因素的基础上合理确定。

3.4.2 ~ 3.4.6 在明确设计目标后,交通安全设施设置规模的确定需要考虑的因素主要包括两个方面:

(1)宏观方面:所在路网的规划和公路功能。所在路网的规划和公路功能决定了本项目在路网中的定位、与周边路网的关联关系及主要使用对象,间接确定了公路的运行速度和运行状态,从宏观方面影响了交通安全设施的设置规模。

(2)微观方面:技术等级、交通量、车型组成和环境等因素决定了具体交通安全设施的设置种类、数量和等级,是交通安全设施设计的主要依据,从微观方面影响了交通安全设施的设置规模。

根据现行《公路工程技术标准》(JTG B01)的规定,公路技术等级应根据路网规划、公路功能,并结合交通量论证确定:主要干线公路应选用高速公路;次要干线公路应选用二级及二级以上公路;主要集散公路宜选用一、二级公路;次要集散公路宜选用二、三级公路;支线公路宜选用三、四级公路。

3.5 结构设计标准

3.5.1 公路交通安全设施通过某种特定的结构为载体实现其警告、提示、诱导、隔离、防眩、防护等功能,因此结构的受力安全是交通安全设施发挥功能的基础。交通安全设施结构设计是根据结构所受作用进行受力验算的过程,也是交通安全设施设计的内容之一。

公路交通安全设施结构类型多种多样,涉及作用种类众多,表3.5.1列出了进行交通安全设施结构受力验算时主要考虑的作用。对于其他作用,例如混凝土护栏的收缩及徐变作用,目前尚不具备进行计算的条件,因此未列入表3.5.1中,但在设计中仍需要考虑这类作用对结构使用可能产生的影响而采用相应的构造处理措施。

3.5.2 结构设计安全等级是根据结构破坏可能产生后果的严重程度划分的等级,体现了不同结构的可靠度差异,现行《公路工程结构可靠度设计统一标准》(GB/T 50283)规定公路工程结构的设计安全等级包括一级、二级和三级。根据交通安全设施结构破坏可能产生后果的严重程度,其设计安全等级规定为二级和三级,表3.5.2列出了不同安全等级对应的交通安全设施类型。设计人员也可以根据交通安全设施所处位置的具体情况,与建设单位商定调整结构设计安全等级,但不能低于表3.5.2规定的等级。

3.5.5 阻挡功能是护栏最基本和最重要的功能,根据汽车碰撞荷载按承载能力极限状态的偶然荷载效应组合进行设计验算,能够大体估算出护栏能否有效阻挡该防护等级的碰撞车辆,而护栏缓冲功能和导向功能的检验需要经过实车足尺碰撞试验。

车辆碰撞护栏时,碰撞荷载的作用点是沿着护栏迎撞面移动的,并随时间而变化,在整个碰撞过程的不同时间点(例如客车头部接触护栏、货车驾驶室和车厢前部接触护栏、客车和货车驶离护栏时车辆尾部接触护栏)出现碰撞力峰值。但在客车头部、货车驾驶室和车厢前部接触护栏时车辆穿越护栏的可能性最大,车辆驶离护栏时已改变行驶方向,穿越护栏越出路外的危险性降低,所以取客车头部、货车驾驶室和车厢前部接触护栏时的碰撞力峰值作为设计碰撞荷载。

车辆碰撞护栏是十分复杂的过程,到目前为止尚没有精确计算方法来进行描述。车辆碰撞护栏常用的数学模型见图3-1,该数学模型的建立基于以下基本假设:

(1) 从车辆碰撞护栏起到车辆改变方向平行于护栏止,车辆的纵向和横向加速度不变;
(2) 车辆的竖向加速度和转动加速度忽略不计;
(3) 车辆改变方向平行于护栏时车辆的横向速度分量为0;
(4) 车辆在改变方向时不发生绊阻;

(5) 车辆碰撞护栏期间容许车辆发生变形,但车辆的重心位置不变;
(6) 车辆近似为质点运动;
(7) 刚性护栏的变形值 $D=0$,半刚性护栏和柔性护栏的变形值 $D>0$;
(8) 车辆与护栏、车轮与路面的摩擦力忽略不计;
(9) 护栏连续设置。

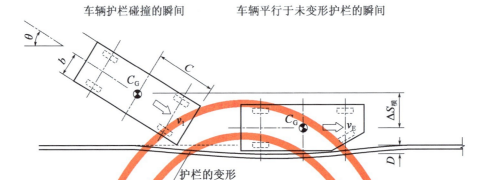

图 3-1 车辆与护栏碰撞的数学模型

设车辆的横向位移 $\Delta S_{横}$:
$$\Delta S_{横} = C\sin\theta - b(1-\cos\theta) + D$$

车辆横向位移 $\Delta S_{横}$ 所需的时间: $\Delta t = \dfrac{\Delta S_{横}}{横向平均速度}$

∵ 横向平均速度 $= 1/2\{v_1\sin\theta + 0\}$

∴
$$\Delta t = \frac{C\sin\theta - b(1-\cos\theta) + D}{v_1\sin\theta/2}$$

又∵ 车辆横向平均加速度 $G_{横}$
$$G_{横} = a_{横} = (\Delta v)_{横}/\Delta t$$

横向速度变化 $(\Delta V) = V_1\sin\theta - 0$
$$G_{横} = v_1\sin\theta/\Delta t$$

∴
$$G_{横} = \frac{v_1^2\sin^2\theta}{2[C\sin\theta - b(1-\cos\theta) + D]}$$

根据 $F_{横} = ma_{横}$
$$F_{横} = \frac{m(v_1\sin\theta)^2}{2[C\sin\theta - b(1-\cos\theta) + D]}$$

$F_{横}$ 单位取 kN 时,
$$F_{横} = \frac{m(v_1\sin\theta)^2}{2000[C\sin\theta - b(1-\cos\theta) + D]} \tag{3-1}$$

假设车辆和护栏的刚度可理想化为线性弹簧,则碰撞荷载与时间的关系曲线是正弦曲线,车辆横向最大加速度 $G_{横\max}$ 为:
$$G_{横\max} = \pi/2(G_{横})$$
$$F_{横\max} = \frac{\pi}{2} \cdot \frac{mv_1^2\sin^2\theta}{2000[C\sin\theta - b(1-\cos\theta) + D]} \tag{3-2}$$

式中：$F_{横max}$——车辆作用在护栏上的最大横向力(kN)；

m——车辆质量(kg)；

v_1——车辆的碰撞速度(m/s)；

θ——车辆的碰撞角度(°)；

C——车辆重心距前保险杠的距离(m)；

b——车辆宽度的一半(m)；

D——护栏的最大横向动态变形值(m)，混凝土护栏 $D=0$，金属制护栏 $D=0.3 \sim 0.6$ m。

为验证式(3-1)和式(3-2)预测的精度，美国曾用其预测的横向碰撞荷载与碰撞试验实测的碰撞荷载相比较，得出公式的预测精度为±20%，如表3-1。从表3-1可见，对于小汽车，式(3-1)和式(3-2)预测的碰撞荷载和试验的实测值很相近。英国桥梁护栏标准中护栏的设计荷载就直接采用式(3-2)的计算值。

表3-1　刚性护栏横向碰撞荷载(碰撞速度96km/h，$\theta=15°$)

车辆质量(kg)	平均力(kN)		最大荷载(kN)	
	式(3-1)计算值	式(3-2)计算值	布卢姆试验值	布什试验值
2 043	84.5	129.0	133.4	124.5
9 080	155.7	244.6	311.4	373.6
18 160	258.0	404.8	667.2	667.2
31 780	—	—	1 112.0	—
32 688	404.8	636.1	—	—

日本现行车辆用刚性护栏碰撞荷载如表3-2。日本金属制桥梁护栏碰撞试验的结果如表3-3。

表3-2　日本刚性护栏碰撞荷载

碰撞条件	碰撞能量(kJ)	碰撞荷载(kN)		
		单坡型	F型	直墙型
25t，50km/h，15°	160	34	35	43
25t，65km/h，15°	280	57	58	72
25t，80km/h，15°	420	86	88	109
25t，100km/h，15°	650	135	138	170

表3-3　日本金属制桥梁护栏试验条件和结果

序　号	护栏等级	碰撞条件			车体接触长度(m)
		车辆质量(t)	碰撞速度(km/h)	碰撞角度(°)	
1	A	1.3	60.6	15	3.7
2	A	13.87	60.6	15	11.2
3	B	1.41	40.4	15	2.8
4	B	14.0	40.4	15	3.7

续表3-3

序　号	护栏等级	碰撞条件			车体接触长度(m)
		车辆质量(t)	碰撞速度(km/h)	碰撞角度(°)	
5	A	14.02	60.6	15	9.15
6	A	14.01	60.6	15	8.8
7	A	1.64	60.6	15	3.4
8	B	13.84	40.4	15	4.1
9	B	13.95	40.4	15	4.81
10	SB	1.1	80	15	2.90
11	SB	14.0	80	15	13.35

美国对钢筋混凝土墙式护栏碰撞试验的结果如图3-2、图3-3和表3-4,美国推荐的设计荷载分布如图3-4和表3-5。

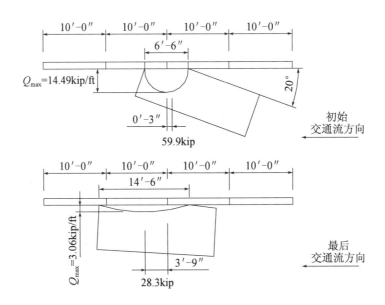

(碰撞条件:$m = 4\ 740\text{lb}$;$v = 59.9\text{mph}$;$\theta = 24°$)

注:1lb = 453.592g;1kip = 4.445kN;1mph = 1.609km/h;
1kip/ft = 1.458kN/m;1′ = 0.305m;1″ = 2.45cm

图3-2　混凝土墙式护栏的碰撞过程

表3-4　混凝土护栏碰撞试验结果

试验条件			碰撞状态	合　力				最大力	
质量(lb)	速度(mph)	角度(°)		高度(in)	大小(kip)	接触高度(ft)	接触长度(ft)	单位面积(kip/ft²)	单位长度(kip/ft)
2 050	59.0	15.5	始	17.0	18.4	2.33	5.0	3.89	5.76
			终	18.7	8.4	2.58	7.6	1.11	1.82
2 090	58.5	21	始	19.0	21.1	2.67	6.0	3.25	5.52
			终	20.7	13.1	3.0	8.0	1.35	2.58

续表3-4

试验条件			碰撞状态	合　　力				最　大　力	
质量(lb)	速度(mph)	角度(°)		高度(in)	大小(kip)	接触高度(ft)	接触长度(ft)	单位面积(kip/ft²)	单位长度(kip/ft)
2 800	58.3	15	始	18.1	18.5	2.50	5.0	3.85	5.81
			终	15.3	13.9	2.08	10.8	1.82	2.01
2 830	56	18.5	始	19.3	22.0	2.92	4.8	3.65	7.61
			终	21.3	22.5	3.00	10.2	1.52	3.48
4 680	52.9	15	始	21.4	52.5	3.08	7.3	5.73	11.24
			终	24.0	28.3	3.25	10.7	2.01	4.16
4 740	59.9	24	始	21.8	59.5	3.17	6.5	7.18	14.49
			终	22.5	28.3	3.25	14.5	1.48	3.06
20 030	57.6	15	始	29.0	63.7	2.17	12.3	5.88	21.20
			终	32.7	73.8	1.58	25.5	4.51	4.54
32 020	60	15	始	26.3	85.0	2.58	6.3	12.90	21.20
			终	28.4	11.0	2.25	15.0	15.40	22.10

表3-5　刚性护栏推荐的极限设计荷载

设计试验条件	最大设计荷载(kN/m)	设计荷载分布长度(m)	有效高度(m)
2 043kg,96km/h,θ=15°	15.2	2.3	0.6
2 043kg,96km/h,θ=25°	19.7	2.0	0.6
9 080kg,96km/h,θ=15°	11.0	3.8	0.85
14 528kg,96km/h,θ=15°	30	4.6	0.75

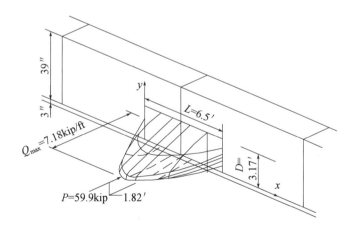

注：1kip=4.445kN；1mph=1.609km/h；1kip/ft=1.458kN/m；
　　1′=0.305m；1″=2.45cm

图3-3　接触应力的分布

我国桥梁护栏试验中实测碰撞荷载的结果如表3-6，根据式(3-2)计算出各试验碰撞条件的大、中型车辆的横向碰撞力最大值，车辆总质量、碰撞速度、碰撞角度、车辆重心距前保险杠的距离以及车辆宽度等数据与《公路护栏安全性能评价标准》(JTG B05-01—2013)的相关要求一致。

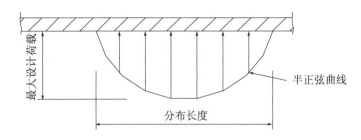

图 3-4 刚性护栏推荐的极限设计荷载

表 3-6 我国刚性护栏碰撞荷载的实测结果

试验序号	碰撞条件			碰撞能量(kJ)	实测值(kN)
	碰撞角度(°)	车辆总质量(t)	碰撞速度(km/h)		
1	21.6	2	91.5	87	192.4
2	21.1	18	81	590	589.1
3	20.4	18	84	595	719.6
4	19.2	2	95	75	176.4
5	20.5	20	64	387	443.2
6	21.1	20	86	739	797.6

通过不同国家刚性护栏碰撞荷载的比较，我国实测的护栏碰撞荷载最大，英国和日本最小，美国居中。依据各防护等级横向碰撞力最大值计算结果，参考实车碰撞试验测得的碰撞力数据，在对比国外规范相关规定的基础上，制订出表3.5.5的桥梁护栏汽车碰撞荷载标准值，其中防护等级二(B)级和六(SS)级维持2006版《设计规范》的规定，调整了防护等级三(A)、四(SB)级和五(SA)级的规定值，增加对一(C)级、七(HB)级和八(HA)级三个新增防护等级的碰撞荷载标准值规定。

根据我国部分桥梁护栏的实车碰撞试验结果(图3-5)、试验车辆的主要技术参数，并参考美国2012版AASHTO *LRFD Bridge Design Specifications* 中关于桥梁护栏荷载分布长度的规定，为便于桥梁护栏试件的设计和新型桥梁护栏的开发，在2006版《设计规范》的基础上，增加了桥梁护栏碰撞荷载分布长度的内容。

本规范提供的汽车碰撞荷载主要用于研发新的桥梁护栏试件。由于碰撞荷载的大小取决于护栏的变形和复杂的构件之间的相互作用，因此仅靠理论分析设计护栏依据并不充分。根据碰撞荷载设计的护栏试件还要按照现行《公路护栏安全性能评价标准》(JTG B05-01)的规定通过实车足尺碰撞试验对其阻挡、缓冲和导向功能进行评价。

3.5.6 承载能力极限状态一般是以结构的内力超过其承载能力或不适于继续承载为依据，例如汽车碰撞后护栏构件折弯或断裂、汽车碰撞后路基护栏基础的滑移倾覆或桥梁护栏的翼缘板破坏、交通标志支撑结构在风荷载作用下立柱弯曲倾覆、突起路标被车轮压碎等。

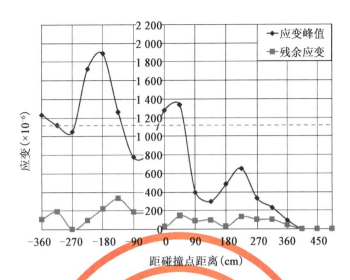

图 3-5 桥梁护栏各测点的最大应变测量值

正常使用极限状态一般是以结构的变形、裂缝、振动参数超过正常使用或耐久性能允许的限值为依据,交通安全设施结构的正常使用极限状态设计主要考虑结构的变形超过允许的限值,尤其是交通标志、隔离栅、防眩设施、防风栅、防雪栅、桥梁隧道限高架等在风荷载和温度作用下的变形。

对所考虑的极限状态,需要按照现行《公路桥涵设计通用规范》(JTG D60)的有关规定,对所有可能同时出现的荷载加以组合,求得组合后在结构中的总效应,并在所有可能组合中取其中最不利的一组作为该极限状态的设计依据。

3.6 设计协调与界面划分

3.6.2 《公路工程技术标准》(JTG B01—2014)中部分条款需要交通安全设施设计单位提供相关设计标准、方案或要求,主要包括:

(1) 第3.6.1条的规定,"三、四级公路的侧向宽度为路肩宽度减去0.25m。设置护栏时,应根据护栏需要的宽度加宽路基",设置护栏的路段需要交通安全设施设计单位提供路肩宽度的加宽值。

(2) 第4.0.4条规定,"1 高速公路和作为干线的一级公路,中央分隔带宽度应根据公路项目中央分隔带功能确定。2 作为集散的一级公路,中央分隔带宽度应根据中间隔离设施的宽度确定。"该条需要交通安全设施设计单位综合考虑中央分隔带护栏的防护形式和防护能力,提出中央分隔带的宽度值。

(3) 第10.1.4条规定,"(交通安全设施、服务设施和管理设施)各项设施应按统筹协调、总体设计的原则设置",需要交通安全设施设计单位与服务设施和管理设施设计单位加强协调,各类设施应相互匹配,避免相互影响。

4 交通标志

4.1 一般规定

4.1.1 交通标志的设计要素主要包括类型、分类、颜色、形状、线条、字符、图形、尺寸、设置、材料、支撑和结构等，从工程心理学的角度来看，交通标志要素要满足下面几个要求才能发挥作用：

（1）醒目度——交通标志能在要求的认读距离以外吸引驾驶人的注意，能在标志所处的背景中清晰地显示出来。

（2）易读性——能快速理解其含义。

（3）公认性——可被不同文化和语言背景的人们所理解。

为保证交通标志在同样的交通环境下，能被不同文化和语言背景的人所理解，并有相似的反应和行为，保证交通标志效力的通用性，交通标志的设计要遵守同一标准，保持一致的设计形式。

发达国家都逐渐形成了自身规范化的交通标志体系，我国吸取了各国图形符号的成功经验，综合分析先进国家现行标准和有关研究成果，结合国家有关现行规则、标准和道路交通特点，形成《道路交通标志和标线》(GB 5768)国家强制性标准，建立了我国交通标志和标线体系，目前形成了395种交通标志，规定了公路交通标志的分类、颜色、形状、图案、文字和规格等。因此，在交通标志的设计过程中，首先要符合现行《道路交通标志和标线》(GB 5768)的规定。

4.1.2 交通标志是保证公路安全和畅通必不可少的安全和管理设施，其设置目的主要是为公路使用者提供禁止、警告、指路、指示等信息。因此交通标志的设计要完全从交通安全、服务和管理需求的角度出发，不要带有任何商业广告或其他无关内容。加油站、服务区等标志是发挥公路本身服务功能的标志，不视为商业广告性质。旅游区标志只能显示该旅游景区的名称、图案、方向和距离信息，不得显示带有营利性的广告信息。

4.1.3 本条对交通标志设计目标和要考虑的因素进行了规定。

公路交通标志是为驾驶人提供信息服务的，设置科学合理的交通标志要具备五个基本特点：①满足驾驶人的信息需求；②充分引起注意；③清晰简洁地传递信息；④尊重驾驶人的行为特征；⑤给驾驶人提供充足的反应时间。因此从设计目标来看，交通标志应是便于驾驶人清晰辨识、正确理解、快速反应的，设计应做到"易见、易认、易懂、易辨、易记"，

使驾驶人能够"看得见、看得清、看得懂、辨得准、记得住":

(1) 易见,交通标志设置应有良好的显著性,使交通标志能够在复杂背景下很容易被驾驶人注意到,避免被驾驶人忽略的情况出现。

(2) 易认,交通标志设置应保证充足的视认距离,在视认距离范围内,交通标志信息应能清晰可见。

(3) 易懂,交通标志信息应简明易懂,应能够保证驾驶人较容易地正确理解标志的信息。

(4) 易辨,交通标志应避免有歧义的信息出现,应能够保证驾驶人准确理解标志信息。

(5) 易记,标志的信息应简洁明快,应容易被驾驶人记住。

驾驶人在视觉信息、信息需求、信息处理等三个方面的行为特性是交通标志设计中重点考虑的:①视觉信息:据估计,驾驶人在驾驶车辆行驶时所需要的信息中,占90%的为视觉信息。人的视觉特征如视野的深度、宽度,眼睛的移动、色彩的识别、亮度和眩光的影响、速度的判断等,是交通标志设置的基本考虑要素。②信息需求:对公路使用者来说,几乎所有的信息都是通过视觉传递接收的,因此设置交通标志时,要注意其显著性、易理解性、可信性和定位性。③信息处理:驾驶人的驾驶任务包括获取信息、处理信息、选择行动方案、实施行动方案并通过重复这一过程来观察决策的结果。由于人的行为的局限性和驾驶人、车辆和公路环境之间的关系使得上述过程非常复杂。设置交通标志时,还要考虑驾驶人的心理预期、反应时间和短期记忆等特征,只有充分考虑公路使用者的行为特征,交通标志的设置才具有有效性。

交通标志是整个公路系统中的一部分,与公路条件、交通条件、环境条件、公路使用者及交通管理的需求密切相关,孤立设置是无法发挥作用的,因此交通标志的设计要从系统性出发进行整体布局、综合设计,公路交通标志设计中还要考虑下列因素:

(1) 公路功能

《中华人民共和国公路法》(第一章第六条)明确公路按其在公路网中的地位分为国道、省道、县道和乡道。一般把国道和省道称为干线,县道和乡道称为支线。我国现行《公路工程技术标准》(JTG B01)将我国公路按功能分为干线公路、集散公路和支路公路三类。干线公路细分为主要干线公路和次要干线公路,集散公路分为主要集散公路与次要集散公路。公路功能在某种程度上决定了交通标志的使用对象、公路技术和交通条件以及路权等级等,因此公路功能应是交通标志设计首要考虑因素,设计中要根据公路网规划、地区特点、公路交通特性等因素确定公路功能。

(2) 公路技术等级

公路技术等级是公路设计的根本依据,我国现行《公路工程技术标准》(JTG B01)规定公路技术等级分为高速公路、一级公路、二级公路、三级公路和四级公路五个等级,应根据公路网规划、公路功能,并结合交通量论证确定公路技术等级。主要干线公路应选用高速公路,次要干线公路应选用二级及二级以上公路,主要集散公路宜选用一、二级公路,次要集散公路宜选取二、三级公路,支线公路宜选用三、四级公路。

公路线形指标、路面状况、路侧情况、构造物以及平面交叉和互通式立体交叉的分布情况,直接决定着交通标志是否需要设置以及设置的具体形式,公路技术等级直接决定了交通标志的设置规模和规格参数,是交通标志设计的重要考虑因素。

(3) 路网布局

在路网环境中,一次交通出行不再是沿是单一一条公路的线性出行,而是通过在多条不同功能和技术等级公路之间衔接转换的网状出行,因此公路在路网中的位置以及与周边路网的衔接情况,决定着交通流向和导引需求,与交通标志的设置层次、引导方向和控制信息等密切相关。

(4) 交通条件

交通组成、交通运行情况及车辆动力性能等交通条件是确定交通标志具体设置位置、形式、支撑结构等设计内容的基础和依据,要充分考虑交通流向、交通组成、车辆特性、运行速度等因素。

(5) 环境条件

作为设置对象的公路所在区域的气候气象、地形地貌、自然环境等也是标志设计的重要考虑因素,环境条件影响标志的设置位置、形式选择、结构设计和材料选择,交通标志要与所处环境相和谐一致,因地制宜。

(6) 公路使用者及管理需求

公路使用者除车辆驾驶人外,还包括行人、非机动车等,考虑不同公路使用者的出行需求,需要根据法律、法规交通管理需求,设置禁令、指示等有交通管理相关的交通标志,对公路使用者的行为进行禁止、限制及相应解除或指示。

4.1.4 本条对交通标志的设计方法进行了规定:

交通标志的设计是一个复杂的过程,为了使设计过程更科学、合理,除了要求设计人员具有专业的知识和经验外,还要有合理的设计方法,使设计的整个过程符合科学、合理的设计程序。一般来说,公路交通标志和标线的设置要综合考虑路网、路线和路段不同层面的信息需求,采用总体布局、逐层推进、重点设置的方法,从"面—线—点"三个层面逐层推进的重点内容如下:

(1) "面"的层面

以公路网为出发点,运用交通工程理论分析路网中各层次公路交通流的特征;分析不同公路网层次条件、不同交通流条件以及不同用地布局条件下驾驶人对标志信息的需求特性,考虑整个路网的结构、交通流量流向和信息指引需求,对交通标志做出统筹规划,总体布局,确定引导方向、控制信息、设置层次和路权划分等。

(2) "线"的层面

在路网环境下,针对设计项目所在公路单条路线的功能、技术等级、技术条件、交通条件和环境条件等特点,确定全线交通标志的设置规模和标准。一个路网的交通标志系统中包含很多种类的交通标志,数量巨大,对于一条路线或路网来说,如果没有统一的设置原则,要充分发挥交通标志的功能并不容易。因此,交通标志设计时,要从系统性、逻辑性和人性化角度对整个系统进行整体布局,根据路网规划、公路功能、技术等级、技术条件、交通条件、环境条件论证制定设置规模和标准,确定设计重点,以达到统一的建设标准。

(3) "点"的层面

以公路网中的互通式立体交叉、服务区、平面交叉以及高风险路段等特殊点作为重要节点,有针对性地进行交通标志的设计,提供初步设置方案后,还要结合实地情况从视觉性、安全性、整体布局性等方面进行检查,综合考虑,进行必要的标志类型合并或增减、信息和位置调整、形式和结构的优化,直到达到整个路网的连续和统一。

4.1.5 本条对交通标志的设计内容进行了规定:

交通标志设计的目的是利用标志实物上的图形或文字向驾驶人传达有关环境的信息,交通标志由信息、图形和硬件三个系统组成。信息系统是交通标志的根本,包括标志上显示的内容,内容如何组织,信息内容出现在哪个位置,不同标志上的内容如何在一个统一的信息网中彼此联系;图形系统是对信息系统的编码,包括文字、符号、箭头和颜色等元素以及元素的布局;硬件系统是标志的三维载体,包括形状、尺寸、安装连接方式、材料以及与周围环境风格上的关系等。这三个系统相互联系、平衡,因此总体看交通标志的设计主要有信息布设、版面设计和结构设计三大系统,每个系统具体又包括下列设计内容:

(1) 信息布设,重点解决的是交通标志的设置位置、标志类型和交通标志采用什么信息内容;

(2) 版面设计,对交通标志具体外观特征进行设计,包括颜色、尺寸、图形、文字大小、位置及相互关系和版面尺寸;

(3) 结构设计,包括交通标志的基础、支撑结构、标志板面与支撑结构的连接结构等部分材料、形式和结构计算以及工艺要求等。

4.2 设置原则

4.2.1 本条中的"不熟悉周围路网体系但对出行有所规划的公路使用者"指公路使用者对周围环境并不是完全一无所知,而是指通过地图、导航或其他查询手段,对前往的目的地和途经路线有所了解,然后借助交通标志的指引能够顺利抵达目的地。

作为交通标志的设计对象的公路使用者要具备下列基本能力:

(1) 能够基本正确理解交通标志的含义;

(2) 基本明确到达目的地所要行驶的路径;

(3) 基本具备公路、桥梁、隧道及夜间、恶劣气象等复杂条件下的安全驾驶知识;

(4) 基本熟悉相关法律法规的基本规定。

4.2.3 警告标志不能过量使用,以免降低其警告效力。警告标志设置过多,会降低效果,因此对其设置要经过充分论证。如在某些山区公路,部分路段急弯陡坡,线形指标比较低,如果设置大量警告标志,很容易导致驾驶人认知疲劳,对警示重视程度降低,可能会导致不良后果。

4.2.4 公路限速的目的是为规范车辆行驶速度,限制速度实质是一种管理行为,决策过程中需要对安全和效率以及其他因素的重要性以及执行的可行性进行权衡和判断,最终确定的限速值反映了政府和社会公众的意愿。由于不同的限速值制定机构对影响限制速度因素考虑的权重不同,或者使用的技术论证手段不一样,有时会导致不同的限制速度值,因此没有一个"正确的"限制速度,只有政府、管理单位和公众都能接受的合理限速,限速标志要在主管部门批准后实施设置。

从国外发达国家标准规范来看,多数没有统一的技术方法和程序确定限速值,国际上限速数值确定的技术方法也是随着政府的关注重点与大多数公路使用者意愿而变更。从20世纪60年代欧美国家开始采用运行速度v_{85}作为限速数值,限速数值确定方法表明运行速度累计分布曲线85%以下的速度被认为其选择是理性的,并且只有15%的速度会被视为"超速"。近期在世界各地,预防道路事故致死和致残伤害成为关注焦点,许多国家修改了以v_{85}确定限速数值的普遍做法,引进了安全评价、风险评估的做法。

无论采用什么技术方法,限速数值的确定要综合考虑到道路标准、路侧状况、车辆性能、视线与能见度、交通构成、交通量等方面,是一个多因素决策的过程,我国《公路工程技术标准》(JTG B01—2014)也规定"公路限制速度应根据设计速度、运行速度及路侧干扰与环境等因素综合论证确定。"因此本条规定了限速值确定要采用交通工程论证分析的方法,可根据限速的目的、公路特征和不同方法的特点及适用条件来选择具体技术方法,重点规定了在限速标志论证设计时要考虑的因素,包括公路功能、技术等级、路侧开发程度、路线几何特征、运行速度、交通运行、交通事故和环境等因素。

4.2.6 对于多数的禁令、警告和指示标志,在设计过程中确定了标志的类型,标志的信息内容和版面也即确定,而对于指路标志,选择什么信息和以什么形式呈现信息尤为重要,因此要重视信息设计的过程。指路标志要根据公路指引的实际需求设置,对于指路标志引导过程中的信息应是关联有序,不能在一个重要信息之间穿插其他信息而遗漏该信息,或重要信息前后显示不一致,重要指路信息要重复出现,保持连续性和一致性。指路标志上所能呈现的指路信息是有限的,要梳理路网内主要道路、交通节点以及重要地区等信息,对指路信息进行分类,对重要程度进行排序,依距离、人口和社会经济发展程度,优先选择交通需求较大的信息指示。

4.2.9 平面交叉口是交通流冲突的交汇部分,也是公路交通最为复杂和事故率最高的部位,交叉口的有序运行直接影响着整个公路交通的畅通与安全。平面交叉设计的主要任务是在交通冲突情况下,正确地分配不同方向和不同类型的交通流,做到对不同交通流进行合理的分隔和路权分配,明确通行优先权,尽可能消除交通冲突点,引导车辆有序通过交叉口。为了完成这一设计任务,针对不同等级的平面交叉,需要不同类型的交通标志以及交通标线采取不同的相互配合、综合设置方案,因此本条单独对平面交叉口的交通标志设置进行了规定,提出了路权清晰、渠化合理、导向明确、安全有序的设置原则。

4.2.10 交通标志要设置在车辆行进方向上易于看到的地方,在选择交通标志的设置地点时,要考虑驾驶人的反应能力、车辆的运行速度、道路宽度等因素,以保证交通标志的信息具有足够的视认性,顺利和完整地向公路使用者传递信息。除特殊情况外,交通标志设置在车辆前进方向的车行道上方或右侧。条件受限时,可在车辆前进方向的左侧(如中央分隔带处)增加设置,作为补充。

现行《道路交通标志和标线》(GB 5768)中对各种类型交通标志的具体设置位置做出了规定,因而不必对每个标志的设置位置进行计算。但 GB 5768 中关于具体设置位置的规定只是针对一般情况的,若现场条件较为特殊,如单向车道数大于或等于三条、交通量较大、大型车辆较多、路线线形影响右侧标志的视认性等,应根据交通工程原理通过视认性验算,论证分析设置位置,具体计算验证方法可参见现行《公路交通标志和标线设置规范》(JTG D82)的规定。

4.3 版面设计

4.3.1 警告、禁令、指示等标志的形状、颜色和图案等在现行《道路交通标志和标线》(GB 5768)中已经有非常明确的规定,不允许变更,在交通标志设计过程中的版面设计主要是指指路标志、旅游区标志、告示标志等。交通标志版面设计是对交通标志的具体外观特征进行设计,包括:①颜色;②文字(中、英文等);③公路编号、出口编号;④里程数字;⑤箭头符号;⑥图形符号;⑦边框等以及相互位置关系等,解决交通标志如何被正确识别和理解的问题。

版面美观得体、简洁大方是交通标志获得良好可辨性和易读性的前提。通过交通标志版面各要素的合理布置,保证快速识别和理解以及清晰明确的交通导向关系。

行间距、字间距以及地名排版的不当,不仅会造成版面不美观,还会影响驾驶人的认读和理解,甚至造成误解,如图 4-1 所示,因此规定注意字距和行(列)距的协调,汉字的字间距要明显小于行(列)间距;一个地名或专用词组不能写成两行或两列。

图 4-1 行间距和字间距不当示例

4.3.2 交通标志内采用较多种类的文字不仅占用版面,而且不利于驾驶人认读,因此规定交通标志中汉字与外文、少数民族等其他文字并用时,最多不宜超过两种。交通标志是否采用中、英文或中文、少数民族文字对照,要考虑下列因素:

(1) 公路的服务对象:如果公路使用者(包括驾驶人和乘客等)85%以上均为中国人,则指路标志要以中文为主,否则可考虑中英文对照。但亚洲公路网和国家高速公路网上的指路标志建议采用中、英文两种文字,与我国相邻的日本、韩国等干线公路也大都采用当地文字与英文对照的方式。

(2) 公路的使用功能:为使旅游观光地区的指路标志或其他公路上的旅游标志体现国际化与多样化,营造友好的旅游环境,可采用中、英文对照的方式。

(3) 公路所在的区域:少数民族自治区的交通标志,根据地方相关法规或为突出民族特色,可采用中文与少数民族文字相对照的方式。

(4) 主管部门批准:公路是否采用中、英文或少数民族文字,由设计单位与建设单位协商确定,但要报请省级主管部门批准后实施。

4.3.4 指示、禁令、警告标志多为图形标志,研究表明,在困难的视觉(如低亮度、快速显示等)条件下,图形符号信息不论在辨认速度还是在视认距离均比文字信息要优越。采用图形符号来表示信息的另一优点是不受语言、文字的限制,只要设计的图案形象、直观,不同国家、民族和语言文字的驾驶人均可理解、认读。因此,以符号为主的交通标志受到联合国的推荐,并为世界上绝大多数国家优先采用。为了维护交通标志的规范性和统一性,在设计过程中根据实际需求需要新设计《道路交通标志和标线》(GB 5768)中未规定的交通标志时,要尽量采用图形方式,并辅以文字明确其含义,具体形式要遵循禁令标志应为白底、红圈、红杠、黑文字,形状为圆形或矩形;文字类警告标志应为黄底、黑边、黑文字,形状为三角形或矩形。旅游区标志指引标志提供旅游区的名称、有代表性图形及前方旅游区的方向和距离,当采用平面图形时应为棕底白图形,并能反映旅游景区特点,可进行特色化设计。

4.3.5 现行《道路交通标志和标线》(GB 5768)规定,相同底色标志套用时,应使用边框;不同底色标志套用时,套用的禁令标志一般不使用衬边,套用的指路标志一般不使用边框,道路编号标志套用于指路标志上,也可使用边框。出于视认性考虑,同一版面中的禁令和指示标志不应多于4种。但在高速公路、隧道、特大桥路段入口,因前方道路交通管理信息较多,仅限于4种往往难以满足要求,故提出同一版面中的禁令或指示标志的数量不应多于6种的规定。当该处同一版面中禁令和指示信息多于4种或快速路、隧道、特大桥段入口多于6种时,要对拟同一版面布置的禁令、指示标志根据其交通法规管理信息重要性进行拆分,做前后调整布置。

4.3.6 本条来源于现行《道路交通标志和标线》(GB 5768)和《公路项目安全性评价规范》(JTG B05)的规定。《道路交通标志和标线》(GB 5768)规定了警告、禁令和指示标志的各部分尺寸的一般值要根据设计速度选取,可考虑设置路段的运行速度(V_{85})进行调整,还规定"除特殊规定外,指路标志汉字高度和一般值要根据设计速度选取,汉字字宽和字高相等,字高可考虑设置路段的运行速度(v_{85})进行调整"。《公路项目安全性评价规范》(JTG B05)规定了当运行速度和设计速度差值大于20km/h时,要根据运行速度对该路段的相关技术指标进行评价。因此本条交通标志的尺寸和字高要根据设计速度确定,同一路段的设计速度与运行速度之差值大于20km/h时,综合考虑车道宽度、车道数、标志的设置位置等因素,宜按运行速度对版面规格和视认性加以检验,适当调整标志尺寸和字高。对新建公路,可按《公路项目安全性评价规范》(JTG B05)的规定对运行速度进行预测。

特殊情况指在实际公路环境下无法满足视认需求需要增加标志尺寸,或必须设置在隧道或特大型桥梁上的交通标志,因建筑界限或桥梁结构承载能力的限制而不得不减小标志尺寸时,经过论证分析可适当增加或减小。

4.3.7 设置于同一门架式、悬臂式等支撑结构上的同类标志,宜采用同一类型的标志版面形式、布局和相同的高度或长度,这里主要是指矩形类标志,以实现尺寸统一和外形美观。

4.4 材料

4.4.1 标志底板可采用铝合金板、铝合金型材、合成树脂、木板等材料,标志面可采用反光涂料、反光膜、照明或主动发光设施以及胶黏剂、透明涂料及边缘填缝等附属材料制造,交通标志立柱、横梁等可采用钢管、H型钢、槽钢、木材、合成材料及钢筋混凝土等材料制作。随着材料技术的发展,越来越多的新材料可用于交通标志的材料和支撑结构,设计中要因地制宜,灵活选材。

4.4.2 设置交通标志是为了传递给驾驶人一定的信息,使驾驶人提前做出正确决策和行动,有助于机动性和安全性,因此交通标志的信息应是全天候可获取的。

交通标志发展的初期,可供选择的交通标志材料不多,基本都是由各种颜色的油漆按照要求制成交通标志图案,这种标志在白天颜色的对比度赋予了标志较好的视认性,可在夜晚由于其亮度的不够,不能够使交通标志的光线传递到驾驶人眼中,从而也就起不到传递信息的作用,使交通标志在夜间失去了应有的功能。

提高交通标志夜间的视认性,根本是要提高交通标志的亮度,目前有许多可用于交通标志的逆反射材料和提高亮度的方法,用逆反射材料制作标志版面和安装照明设施是提高交通标志视认性的主要途径。逆反射材料是通过其中含有的高折射率玻璃珠或微棱镜结构,将发射过来的光反射给光源,从而给驾驶人提供清晰的可见度,安装照明设施是通过在交通标志版面外部或内部安装光源利用外来光源提高交通标志的亮度。逆反射材料在交通标志上的应用对交通标志的发展有重要意义,形成了反光交通标志,使交通标志在汽车前车灯的照射下,具有了夜间视认效果。从各国的交通安全实践来看,逆反射材料的应用是一种成本低廉且行之有效的措施,使用广泛,因此规定交通标志板面要采用逆反射材料。

同时近年来随着新材料、新方法也不断涌现,主动发光技术也越来越多地应用在交通标志上,可以有效地弥补逆反射材料在曲线路段、光源干扰、逆光条件、雨雪雾等恶劣天气下的视认不足,因此规定受线形、视觉环境、日照、气象条件等因素影响视认性的路段,交通标志可采用主动发光形式、安装照明设施或者其他的新材料和方法,只要不产生照度不均、眩光、跳闪等现象,不影响昼夜条件下标志形状、颜色及视认和理解的一致性即可。

4.4.3 反光膜是目前最广泛使用的交通标志反光材料,本条对反光膜等级选用的原则做出了规定。反光膜的光度性能、结构要符合现行《道路交通反光膜》(GB/T 18833)的要求,2012年发布的国家标准《道路交通反光膜》(GB/T 18833)将反光膜按光度性能、结构和用途分为7种类型:

Ⅰ类——通常为透镜埋入式玻璃珠型结构,称工程级反光膜,使用寿命一般为7年,可用于永久性交通标志和作业区设施。

Ⅱ类——通常为透镜埋入式玻璃珠型结构,称超工程级反光膜,使用寿命一般为10年,可用于永久性交通标志和作业区设施。

Ⅲ类——通常为密封胶囊式玻璃珠型结构,称高强级反光膜,使用寿命一般为10年,可用于永久性交通标志和作业区设施。

Ⅳ类——通常为微棱镜型结构,称超强级反光膜,使用寿命一般为10年,可用于永久性交通标志、作业区设施和轮廓标。

Ⅴ类——通常为微棱镜型结构,称大角度反光膜,使用寿命一般为10年,可用于永久性交通标志、作业区设施和轮廓标。

Ⅵ类——通常为微棱镜型结构,有金属镀层,使用寿命一般为3年,可用于轮廓标和交通柱,无金属镀层时也可用于作业区设施和字符较少的交通标志。

Ⅶ类——通常为微棱镜型结构,柔性材质,使用寿命一般为3年,可用于临时性交通标志和作业区设施。

各类反光膜与2002版《公路交通标志反光膜》(GB/T 18833)的对应关系为:

Ⅴ类[一级(钻石级)]
Ⅳ类[二级(微棱镜超强级)]
Ⅲ类[二级(玻璃珠高强级)]
Ⅱ类[三级(超工程级)]
Ⅰ类[四级(工程级)]

选择逆反光膜等级时,要综合考虑公路的功能、交通量和环境等各种因素,具体分析所设置标志的具体情况,考虑驾驶人的视觉、反应等特性。

(1)背景环境影响大、行驶速度快、交通量大的公路上,如多车道高速公路,驾驶人读懂标志并做出正确反应的时间里,行驶距离较远,采取相应的行动受周边交通流影响较大,宜选用逆反射性能好的反光膜,使驾驶人在较远处就能完成认读、开始行动。建议高速公路、一级公路可采用Ⅳ、Ⅴ类反光膜,二、三级公路可采用Ⅰ、Ⅱ类以上反光膜,四级公路可采用Ⅰ、Ⅱ类反光膜。

（2）我国大量的农村公路建设资金和维护费用紧张,在考虑全寿命成本的基础上,对于交通量很小、事故不多的农村公路可根据实际情况,适当使用等级低反光膜。在条件许可的情况下,尽可能提高反光膜等级。

（3）交通复杂、多车道、横断面变化、视距不良、观察角过大等特殊路段禁令、警告标志的重要程度较高,要使用反光性能最好的反光膜,以增加标志的发现机会,提高标志作用发挥的效力。

（4）利用门架式、悬臂式等悬空类交通标志,宜采用比路侧交通标志逆反射性能高的材料;根据有关单位的试验结果,门架、悬臂型悬空标志如采用与路侧同样等级的反光膜材料,则其反光效果只能达到路侧的14%~17%,如图4-2。如提高反光膜等级仍达不到反光效果,则可根据现行《道路交通标志和标线》（GB 5768）的规定采用照明或主动发光的方式。

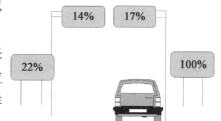

图4-2　各种支撑结构标志反光膜的反光效果

（5）为提高交通标志的夜间视认性,发挥标志在夜间和雨雾天气等视线不良条件下的作用,受雨雾等不良天气影响路段的交通标志采用等级高的反光膜,如提高反光膜等级仍达不到反光效果,则可根据现行《道路交通标志和标线》（GB 5768）的规定采用照明或主动发光的方式。

4.4.4　反光膜的逆反射性能与规定的入射角和观测角条件下的逆反射系数有关,车辆前照灯光对标志入射角增大(包括车辆前照灯光与标志板面法线的纵向与横向夹角),也将使标志逆反射性能下降。因此提出对高速公路、一级公路小半径曲线段、立体交叉小半径匝道、交通较复杂、观察角过大的交叉口或路段(如对需要驾驶人大角度横向观察的禁令、指示和警告标志)和公路横断面发生变化的路段,以及通行大型车辆为主的公路上设置的标志,宜采用Ⅴ类(大角度)反光膜,以提高其大角度逆反射性能与视认性。

4.5　支撑方式和结构

4.5.1　交通标志的支撑方式分为柱式、悬臂式、门架式及附着式等。合理选择交通标志的支撑结构有助于保持交通标志视认性和有效性。采取什么样的支撑方式,要视所在位置的公路、交通条件、路侧和环境条件等确定。一般情况下,将交通标志设置在路侧,多采用单柱、双柱或多柱式支撑方式,既简单又经济。对多车道公路或大型车辆比例很高的公路上的重要标志,可以采用悬臂式或门架式等悬空支撑方式,其中悬臂式相对经济一些,版面内容少时宜尽量使用。要根据标志的具体设置位置灵活设计标志结构形式,如公路沿线设置有上跨天桥、渡槽等构造物,路侧设置有高挡土墙、照明灯杆或者隧道内需要设置交通标志等条件下,在满足建筑限界要求的前提下,可采用附着式支撑方式,同时还可通过改善路侧安装条件(如修剪路侧种植物、清除或移开路侧障碍物等)或将交通标志安装在路侧较高位置处等方法改善视认条件。

4.5.3 悬臂式及门架式标志在永久作用下,横梁会自然下垂,设置预拱度的目的主要是抵消因永久作用产生的下垂,以免使交通标志结构侵入建筑限界,同时也使交通标志结构整体更加美观。永久作用产生的挠度值挠度的计算可以作为设置横梁预拱度的依据。

5 交通标线

5.1 一般规定

公路交通标线是由施画或安装于公路上的各种线条、箭头、文字、图案及立面标记、实体标记、突起路标等所构成的交通设施,它的作用是向公路使用者传递有关公路交通的规则、警告、指引等信息。

公路交通标线是重要的交通控制设施,合理设置的交通标线对于保障公路交通流的平稳有序运行、保障公路交通的安全和效率、明确并保护各方交通参与者的通行权具有重要意义。

利用公路交通标线传递信息的优点体现在以下几点:

(1) 公路交通标线一般在驾驶人的自然视线之内,利用公路交通标线传递公路交通信息不会过多地分散驾驶人的注意力。

(2) 利用公路交通标线,可以沿公路行驶方向不间断地地提供公路交通信息,而且成本较低。

(3) 利用公路交通标线,可以在不增加行车障碍的条件下清晰地提示驾驶人何处应该采取控制动作或者何处开始实行交通控制措施。

公路交通标线也有一定的缺点,主要体现在以下几点:

(1) 交通标线会受到车辆的磨损,需要定期维护以维持其功能。

(2) 路面积水、冰雪等条件下,公路交通标线的视认性会受到较大的影响,部分不反光的公路交通标线在夜间或视距不良条件下难以发挥作用。

(3) 标线材料或施工控制不当时,大面积连续设置的标线会降低路面附着系数。

(4) 标线可视性会受到公路平纵曲线的影响,尤其是与公路行车方向成角度设置的横向标线,在交通量较大的条件下,还会被前方车辆遮盖。

(5) 标线所提供的距离信息有限,不能利用标线提供预告等较长途的交通信息。

(6) 受驾驶人视角的影响,路面文字、图形等沿公路横向设置的标线,必须进行必要的变形或拉长,以便于驾驶人视认和理解。

公路交通标线可以与其他交通控制设施,如交通标志、信号灯等结合使用,共同传递公路交通管理的信息,也可单独使用,起到其他交通设施难以实现的作用。尽管标线有其应用上的局限性,但其在交通控制方面的重要作用是无法替代的。

现行《道路交通标志和标线》(GB 5768)规定了交通标线的分类、颜色、形状、字符、图形和尺寸。现行《道路交通标线质量要求和检测方法》(GB/T 16311)规定了道路交通标线颜色的色度性能、光度性能、抗滑性能等。现行《公路交通标志和标线设置规范》（JTG D82）规定了各类交通标志和标线的设置原则和设置方法。本规范强调了交通标线作为交通安全设施的功能，规范了设计原则，明确了设计关键路径，提出了一般实用性和特殊可用性的原则。

标线设置中需要注意两个可能影响交通安全的问题：一是较大面积设置的标线表面抗滑的问题；二是标线可能阻水，在标线前形成水膜。

5.2 设置原则

5.2.1 一般路段的交通标线

高速公路和一级公路一般路段，要设置同向车行道分界线，分隔同向行驶的交通流；在右侧路肩和靠近中央分隔带处设置车行道边缘线，用以指示车行道边缘。同向车行道分界线的一般线宽为10cm或15cm，条件允许时宜选用15cm线宽。车行道边缘线的一般线宽为15cm或20cm，条件允许时宜选用20cm线宽。

二级及二级以下公路要设置对向车行道分界线（也可称为"公路中心线"）；在窄桥、极限指标曲线段、分合流、过渡段、接近障碍物、机非混行和特殊天气频发路段，要设置车行道边缘线，二级公路其他路段宜设置车行道边缘线，三、四级公路的其他路段可不设置。对向车行道分界线一般线宽为15cm，交通量非常小的农村公路、专用道路等特殊情况下，线宽可采用10cm。二级及二级以下公路车行道边缘线可选用15cm线宽。

车行道边缘线要设置在公路两侧紧靠车行道的硬路肩或非机动车道内，以保证车行道的有效宽度，如图5-1所示。对于未设置硬路肩的公路，车行道边缘线要设置在公路两侧紧靠车行道的外边缘处。

图5-1 车行道边缘线横向布置示意图

5.2.2 特殊路段的交通标线

（1）在交通繁杂而同向有多条车行道的桥梁（经常出现强侧向风）、隧道、急弯陡坡、平面交叉驶入段、接近人行横道线等路段，路况或气象环境相对比较复杂，车辆变换车道将对其他车辆影响较大，发生交通事故的后果严重度高，需要车辆各行其道，要设置禁止跨越同向车行道分界线。

条文中提到的"强侧向风"需要设计人员依据本规范条文说明表12-1中的"侧滑行车安全风速"及车型组成、限速值等因素综合考虑。

（2）事故统计表明，无论是高速公路还是其他等级的公路，端墙式隧道出入口往往是事故多发点，事故形态以车辆与隧道端墙正面碰撞为主，如图5-2所示。

图 5-2　端墙式隧道洞口交通事故示例

因此建议隧道洞口交通安全设施的设计作为独立的设计单元，交通标线的设计与交通标志、护栏、视线诱导等设施进行统筹考虑，综合设置。

（3）当公路中心或车行道中有上跨桥梁的桥墩、中央分隔带端头、标志杆柱及其他可能对行车安全构成威胁的障碍物时，要设置接近障碍物标线以指示路面有固定性障碍物，警告驾驶人谨慎行车，引导交通流顺畅驶离障碍物区域。

（4）立面标记用以提醒驾驶人注意，在车行道或近旁有高出路面的构造物。可设在靠近道路净空范围的跨线桥、渡槽等的墩柱立面、隧道洞口侧墙端面及其他障碍物立面上，一般要涂至距路面 2.5m 以上的高度。标线为黄黑相间的倾斜线条，斜线倾角为 45°，线宽均为 15cm。设置时要把向下倾斜的一边朝向车行道。

实体标记用以给出公路建筑限界范围内实体构造物的轮廓，提醒驾驶人注意。可设在靠近公路净空范围的上跨桥梁的桥墩、中央分隔墩、收费岛、实体安全岛或导流岛、灯座、标志基座及其他可能对行车安全构成威胁的立体实物表面上，一般要涂至距路面 2.5m 以上的高度。标线为黄黑相间的倾斜线条，线宽均为 15cm，由实体中间以 45°角向两边施画，向下倾斜的一边朝向车行道。

（5）学校、幼儿园、医院、养老院门前的公路没有行人过街设施的，可参考现行《中小学与幼儿园校园周边道路交通设施设置规范》（GA/T 1215）的规定，施画人行横道线，设置指示标志等。人行横道线的设置间距根据实际需要确定，但路段上设置的人行横道线之间的距离一般要大于 150m。

遇下列情况，不能设置人行横道线：

①在视距受限制的路段、急弯、陡坡等危险路段和车行道宽度渐变路段；

②设有人行天桥或人行地道等供行人穿越公路的设施处，以及其前后 200m 范围路段内；

③公交站位前后 30m 范围路段内。

在无信号灯控制的路段中设置人行横道线时，要在到达人行横道线前的路面上设置停止线和人行横道线预告标识，并配合设置人行横道指示标志，视需要也可增设人行横道警告标志。

（6）在公路宽度或车行道数量发生变化的路段应当设置过渡标线，同时要设置车行道边缘白色实线,并可以采用振动标线的形式。

(7) 减速标线的应用要注意标线的排水和防滑。车行道横向减速标线可用振动标线的形式。减速标线的设置宜与限速标志或解除限速标志相互配合。

(8) 考虑到积雪、视线等因素,减速丘标线要与减速丘标志配合设置。

5.2.3 互通式立体交叉、服务区、停车区出入口交通标线

(1) 出入口标线用于引导驶入或驶出车辆的运行轨迹,提供安全交汇,减少与突出路缘石碰撞的可能性,包括出入口的横向标线、三角地带(分流鼻、汇流鼻)的标线,要结合出入口的形式和具体线形进行设计布置。

为保证公路出入口路段正常的行车秩序,保障车辆安全顺畅地驶入或驶出公路,宜在公路出入口路段(加减速车道)适当位置设置白色实线,禁止跨越同向车行道分界线。

(2) 出入口的导向车道内要有导向箭头标明各车道的行驶方向。

5.2.4 平面交叉渠化标线

(1) 平面交叉标线按设置位置分为下列两类:

①交叉路口出入部分的路面标线:在交叉路口出入部分,按需要设置车行道分界线、导向车道线、车行道导向箭头、左(右)转弯导向线等各种路面标线,以明确指示驶入和驶出交叉路口交通流的行驶位置和前进方向。

②交叉路口内的路面标线:交叉路口内是指停止线内侧的交叉口区域。在交叉路口内可以按需要设置停止线、停车让行线、减速让行线、人行横道线、非机动车禁驶区线、中心圈等标线,以指示车辆的停止位置和行人及非机动车的通过位置,还可按需要设置左转弯待转区、导流线等标线,以指示交叉口内机动车的行驶轨迹,从而引导交通流顺利、平稳地通过交叉口。

(2) 有条件时宜开辟左右转弯专用车道。为开辟交叉口专用车道,首先需要考虑适当的路口加宽与适当的路口车道宽度缩减,上述措施无法满足要求或受条件限制无法实施时,按优先次序可依次采用缩小中央分隔带的宽度、缩小中央分隔带宽度并缩小车行道宽度、偏移道路中心线并缩小车行道宽度、缩小路肩或非机动车道的宽度等方法开辟交叉口专用车道。

5.2.5 收费广场交通标线

(1) 收费广场前的公路上要设置车行道横向减速标线,用于警告车辆驾驶人前方要减速慢行。减速标线设于收费广场及其前部适当位置,为白色反光虚线,根据设置位置的不同,可以是单虚线、双虚线或三虚线,垂直于行车方向设置。收费广场减速标线要按以下原则配置:使驶向收费车道的车辆通过各标线间隔的时间大致相等,以利于行驶速度逐步降低,减速度一般设计为 $1.8 m/s^2$。

(2) 收费岛迎车流方向地面标线用以标示收费车道的位置,为通过车辆提供清晰标记。

(3) 我国一些公路主线和匝道收费广场规模宏大,有些收费车道数量多达几十个,收费方式涵盖了人工收费、电子不停车收费(ETC)、计重收费等,收费车道包括小客车专用、超宽车辆专用、其他车辆专用等。因地形限制等原因,不同公路各类方式的收费岛设置位置有所不同,如ETC有些设置在中间位置,有些设置在路侧位置;一些收费车道采用了复式收费的模式。基于上述原因,对于超宽的公路收费广场,建议在交通组织分析的基础上,并与相连接公路一定长度路段综合考虑,开展单独设计,以维护收费广场的交通秩序,提高其通行能力。

5.2.6 突起路标的设置

突起路标是固定于路面上起标线作用的突起标记块,可用来标记对向车行道分界线、同向车行道分界线、车行道边缘线等,也可用来标记弯道、进出口匝道、导流标线、公路变窄、路面障碍物等危险路段。

考虑到我国北部寒冷地区冬季除雪的需要,根据调研结果,条文中将突起路标的设置规定由"应"调整为"宜"。

6 护栏和栏杆

6.1 一般规定

6.1.1 对位于计算净区宽度范围内的各类行车障碍物,首先要通过路侧处理来尽量满足净区宽度的要求,如:

(1) 去除计算净区宽度范围内的障碍物。
(2) 重新设计障碍物,使障碍物不构成危害。
(3) 将障碍物移至不易被驶出路外的车辆碰撞的位置。
(4) 采取措施减少事故伤害,如采用解体消能结构等。

在以上措施不能实施而导致驶出路外车辆产生的事故严重程度高于碰撞护栏的严重程度时,考虑设置护栏。

6.1.2 公路上产生交通事故的原因很多,如:驾驶人疲劳、超速、酒后驾车、躲避事故;车辆失控或器件失效;路面结冰、积雪;雨、雾天气或驾驶人视线受限等。宽容设计强调驾驶人的过错不应该以生命为代价,通过合理的设计将事故影响降至最低。同时护栏也是一种障碍物,并不是设置得越多越好、强度越高越好,还需要提倡适度防护的理念,以达到防护效果与工程投资的最佳组合。

6.1.3 对具体的特殊需求,需要采用的护栏标准段、护栏过渡段、防撞端头和防撞垫等的防护等级低于或高于《公路护栏安全性能评价标准》(JTG B05-01—2013)中表3.0.1、表3.0.2时,或碰撞条件不同于《公路护栏安全性能评价标准》(JTG B05-01—2013)中表5.3.3、表5.3.4的规定时,应进行特殊设计,包括下列一些可能情况:

(1) 需要采用的护栏碰撞能量高于八(HA)级的760kJ时,如大型车辆所占比例较大的货运专用公路、邻近饮用水源的公路,需进行特殊设计。

(2) 需要采用的护栏、防撞端头和防撞垫等碰撞条件不同于《公路护栏安全性能评价标准》(JTG B05-01—2013)规定时,如一些具有特殊功能的专用公路,车型、碰撞角度、速度等和《公路护栏安全性能评价标准》(JTG B05-01—2013)规定的条件不同,需进行特殊设计。

特殊设计的护栏标准段、护栏过渡段、中央分隔带开口护栏、防撞端头和防撞垫等进行实车碰撞试验时,试验方法参照《公路护栏安全性能评价标准》(JTG B05-01—2013)第5章的规定,性能评价按照《公路护栏安全性能评价标准》(JTG B05-01—2013)第4章的规定。

6.1.5 根据现行《公路工程技术标准》(JTG B01)中关于公路建筑限界的规定,二级及二级以上公路路侧设置的护栏和缓冲设施能够设置于公路土路肩上。

三、四级公路的建筑限界,现行《公路工程技术标准》(JTG B01)规定如下:三、四级公路的侧向宽度为路肩宽度减去0.25m。

三、四级公路的土路肩宽度,现行《公路工程技术标准》(JTG B01)规定如下:设计速度为40km/h、30km/h,土路肩宽度分别为075m、0.5m;设计速度为20km/h时,双车道公路土路肩宽度为0.25m,单车道公路土路肩宽度为0.5m。

所以,设计速度为40km/h、30km/h的三、四级公路,设计速度为20km/h的单车道公路,只有0.25m的土路肩在建筑限界外,可供设置护栏,如果0.25m宽度不够,应根据需要加宽路基。设计速度为20km/h的双车道公路的土路肩都在建筑限界内,无土路肩可供设置护栏,需加宽路基。

6.1.6 中央分隔带护栏应设在中央分隔带内,并和中央分隔带内的构造物、地下管线相协调,适当偏移,但护栏的任何部分不能侵入公路建筑限界以内。

6.1.7 我国现行《公路工程技术标准》(JTG B01)和《公路路基设计规范》(JTG D30)中,对包括上路床、下路床、上路堤、下路堤在内的路基部分的压实度有明确要求,但与路面相对应的土路肩和中央分隔带土基无具体要求。目前国内高速公路、一级公路的中央分隔带种植土和回填土的使用影响了护栏立柱承载力的充分发挥,路侧有时也存在这种情况,尤其是路侧护栏立柱外展时,往往达不到规定的土路肩保护层宽度,影响了护栏功能的发挥。考虑到中央分隔带绿化和土路肩加固的需要,本规范提出,其设计压实度宜达到90%以上,据此作为护栏设计和试验的基础。对压实度不足的路段,应采取必要的加强措施,如土质改善、设置连续基础、缩短立柱间距等方法。

6.2 路基护栏

6.2.1 国内外研究成果表明,净区的宽度和交通量、速度、平曲线半径和路侧坡度等因素有关。交通量越大,车辆速度越高,需要的净区宽度越大。路堤边坡坡度缓于1:4时,驶出车辆可以驶回,坡度越陡,驶回需要的宽度越大;路堤边坡坡度陡于1:4时,驶出路外的车辆驶回的可能性大大降低。如果在公路用地范围内边坡的坡脚处有足够的宽度,并且驶过的区域无障碍物,驶出车辆即使不能驶回,也不会出现严重的伤害事故。

国内外成果表明,约30%左右造成人员伤亡的交通事故是由于车辆驶出路外造成的,因此计算净区宽度得不到满足时,需要进行必要的处理。

本规范净区宽度的要求,并不是要求新建或改扩建公路一定要达到或满足计算净区宽度,没有条件达到的情况是非常多的,这时要根据驶出路外的事故概率及可能的后果,确定相应的对策,减少驶出路外或驶入对向车行道的事故伤害。

计算净区的宽度得不到满足时,如计算净区宽度范围内有无法移除的障碍物,车辆驶出路外,有可能撞击路外无法移除的障碍物,造成伤亡后果。但是,对于驶出路外的车辆,护栏也是障碍物。所以,要参考交通安全综合分析结果,即评估车辆驶出路外撞击障碍物或护栏,哪种后果更轻,哪种更经济。如果设置护栏后伤害降低了,是可以设护栏的。是否设置护栏、设置什么样的护栏要考虑工程经济性。人的生命价值是很难用金钱来衡量的,但即使美国、澳大利亚等发达国家,护栏设置也是考虑工程经济性的。设置护栏投入工程经费,从工程经济上讲是成本,设置护栏而降低的伤害,从工程经济上讲是经济效益,从工程经济角度评估设置护栏投入的成本是否值得。

净区宽度与边坡坡度、填方或挖方高度、设计速度、线形和实践经验等有关。图2-1是净区的示意图,具体计算方法见本规范附录A。

根据美国《路侧设计指南》(2011版)的规定,路侧净区不仅与路侧边坡的坡度、宽度有关,一定坡度的边坡后坡也可以起到净区宽度补偿的作用,如果边沟的前后坡在图6-1的阴影范围内,可计入净区宽度内。国内的使用经验表明:矩形边沟不利于路侧安全,浅碟形边沟是安全的。但关于尺寸国内未有相关研究成果,可参考美国《路侧设计手册》(2011版)等国外成果,便于设计使用。

需要指出的是,对于满足计算净区宽度要求的路段,如存在悬崖等危险条件,仍需根据公路路线线形、交通量、车型构成,以及计算净区宽度外风险源的位置等因素进行交通安全综合分析,以确定是否需要设置护栏。此外,路侧有高速铁路、高压输电线塔时,护栏的设置还需要符合国家相关法律法规的规定。

6.2.2 总体思路是:根据车辆驶出路外或驶入对向车行道的风险确定是否设置护栏、护栏的等级。一辆车驶出路外的风险是事故概率、事故严重程度的乘积,单位长度路段上车辆驶出路外的风险是单位长度路段上的交通量、事故概率、事故严重程度的乘积。根据交通部科技项目《公路交通安全应用技术研究》的成果,驶出路外的事故概率与线形组合、货车比例密切相关。事故严重程度和车辆速度、路外条件有关。速度越大,后果越严重;路外越危险,后果越严重。本规范将事故严重程度分成三个等级,从低到高分别是低、中、高。

6.2.3 事故严重程度等级为"高"的情况,主要是车辆驶出路外,除了车辆自身、人员伤亡外,还对其他交通、生产等产生严重危害。计算净区宽度范围外,也存在这些可能后果的,视情况具体分析,本条未规定。

6.2.4、6.2.5 关于路堤高度、边坡坡度与设置护栏的关系,图6-2是2006版规范分区情况,图6-3是此次修订的分区情况。

条文说明

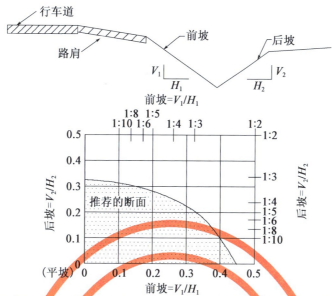

a) V形边沟、底部宽度小于2.4m的圆弧形边沟和底部宽度小于1.2m的梯形边沟

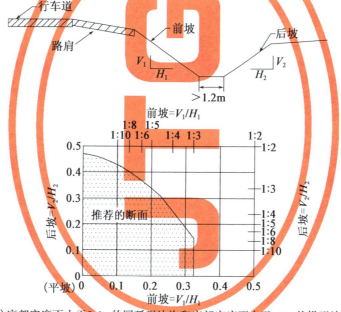

b) 底部宽度不小于2.4m的圆弧形边沟和底部宽度不小于1.2m的梯形边沟

图 6-1 边沟前坡和后坡坡度与设置护栏关系

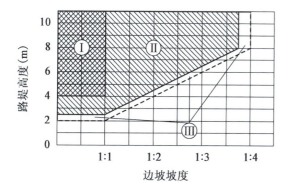

图 6-2 2006版边坡坡度、路堤高度与设置护栏的关系　　图 6-3 此版修订的边坡坡度、路堤高度与设置护栏的关系

美国2011年第4版《路侧设计指南》认为1:4或更缓的边坡,驶出的车辆可以驶回;坡度陡于1:4但缓于或等于1:3的边坡,驶出车辆可能无法驶回但没有危险;陡于1:3的边坡,驶出车辆危险较大。所以,此次修改把坡度在1:3～1:4之间的区域划到了Ⅲ区。

对于必须设置护栏、应设置护栏、宜设置护栏的情况,和上版规范相比,调整情况见表6-1。

表6-1 护栏设置条件修订内容对比表

2006版		此次修订	
条　　件	规定	条　　件	规定
1 车辆驶出路外有可能造成二次特大事故的路段必须设置路侧护栏。 2 凡符合下列情况之一、车辆驶出路外有可能造成单车特大事故或二次重大事故的路段必须设置路侧护栏: (1)二级及二级以上公路边坡坡度和路堤高度在图6-2的Ⅰ区方格阴影范围之内的路段; (2)路侧有江、河、湖、海、沼泽、航道等水域的路段	必须设置路侧护栏	路侧计算净区宽度范围内有高速铁路、高速公路、高压输电线塔、危险品储藏仓库等设施时	事故严重程度等级为高,必须设置护栏
3 凡符合下列情况之一、车辆驶出路外有可能造成重大事故的路段,应设置路侧护栏: (1)二级及二级以上公路边坡坡度和路堤高度在图6-2的Ⅱ区斜线阴影范围以内的路段; (2)高速公路、一级公路路侧安全净区内设有车辆不能安全穿越的照明灯、摄像机、可变信息标志、交通标志、路堑支撑壁、隔音墙、上跨桥梁的桥墩或桥台等设施的路段; (3)二级及二级以上公路路侧边沟无盖板、车辆无法安全穿越的挖方路段; (4)三、四级公路路侧有悬崖、深谷、深沟等的路段	应设置路侧护栏	路侧计算净区宽度范围内有以下情况时,事故严重程度等级为中: (1)二级及二级以上公路边坡坡度和路堤高度在图6-3的Ⅰ区、Ⅱ区阴影范围之内的路段,三级、四级公路路侧有深度30m以上的悬崖、深谷、深沟等的路段; (2)路侧有江、河、湖、海、沼泽等水深1.5m以上水域的路段; (3)路侧有Ⅰ级铁路、一级公路等; (4)高速公路、一级公路路外设有车辆不能安全越过的照明灯、摄像机、交通标志、声屏障、上跨桥梁的桥墩或桥台、隧道入口处的检修道或洞门等设施的路段	事故严重程度等级为中,应设置护栏
4 凡符合下列情况之一、经论证车辆驶出路外有可能造成一般或重大事故的路段,宜设置路侧护栏: (1)二级及二级以上公路边坡坡度和路堤高度在图6-2的Ⅲ区内的路段,三级、四级公路边坡坡度和路堤高度在图6-2中Ⅰ区内; (2)二级及二级以上公路纵坡大于或等于《公路工程技术标准》(JTG B01—2003)规定的最大纵坡值的下坡路段和连续长下坡路段; (3)二级及二级以上公路平曲线半径小于现行《公路工程技术标准》(JTG B01—2003)一般最小半径的路段外侧; (4)在高速公路、一级公路用地范围内存在粗糙的石方开挖断面、高出路面30cm以上的混凝土砌体、挡土墙或大孤石等障碍物时; (5)高速公路、一级公路互通式立体交叉出口匝道的三角地带及匝道小半径圆曲线外侧	宜设置路侧护栏	路侧计算净区宽度范围内有以下情况时,事故严重程度等级为低: (1)二级及二级以上公路边坡坡度和路堤高度在图6-3的Ⅲ区阴影范围之内的路段;三级、四级公路边坡坡度和路堤高度在图6-3中Ⅰ区内; (2)二级及二级以上公路路侧边沟无盖板、车辆无法安全越过的挖方路段; (3)高出路面或开挖的边坡坡面30cm以上的混凝土砌体或大孤石等障碍物; (4)出口匝道的三角地带有障碍物	事故严重程度等级为低,宜设置护栏

表 6-1 中此次修订变化的说明如下：

（1）2006 版护栏设置规定的必须、应、宜，是根据事故的严重程度。此版修订的原则和思想和 2006 版是一致的，并把事故严重程度分成了低、中、高三级。

（2）"车辆驶出路外有可能造成二次特大事故的路段"为：路侧有高速铁路、高速公路、高压输电线塔、危险品储藏仓库等。这些情况不仅驶出路外的车辆发生伤亡事故，还会对其他生产、活动产生严重影响。

（3）增加了"路侧有Ⅰ级铁路、一级公路等"，是有可能造成二次重大事故的。

（4）路堤边坡分区的改变见前述。

（5）"二级及二级以上公路路侧边沟无盖板、车辆无法安全穿越的挖方路段"有些断面的边沟，车辆会侧倾，可能不会发生死亡的事故，是有可能造成重大事故，从"应"改为事故严重程度"低"。删去了"路侧边沟无盖板"，有些断面的边沟可能是车辆无法穿越一种情况。

（6）"二级及二级以上公路纵坡大于或等于《公路工程技术标准》（JTG B01—2003）规定的最大纵坡值的下坡路段和连续长下坡路段"和"二级及二级以上公路平曲线半径小于现行《公路工程技术标准》（JTG B01—2003）一般最小半径的路段外侧"不是路侧危险情况，是跟事故发生的可能性有关，此次修订删去。

其他和条文有关的理解如下：

《铁路线路设计规范》（GB 50090—2006）中规定，Ⅰ级铁路为铁路网中起骨干作用的铁路，或近期年客货运量不小于 20Mt 者。

路堤高度是指从路面到边坡底部的地面高度。

出口匝道的三角地带处，如已填平或进行了边坡处理，路侧计算净区的宽度又满足要求，则没有必要设置护栏；如存在障碍物，是否设置护栏同前述。

"高出路面或开挖的边坡坡面有 30cm 以上的混凝土基础或大孤石等障碍物时"，障碍物对驶出路外车辆会造成伤害；如挖方路段为土质边坡且土质边坡上无障碍物，或开挖边坡的断面为石方但表面平整且无粗糙突起物时，则基本上对驶出路外车辆没有影响。

6.2.6~6.2.8 中央分隔带护栏是为防止车辆越过中央分隔带闯入对向车行道而设置的。因为这种事故一旦发生，其后果是非常严重的。各国在规定中央分隔带护栏设置标准时，往往以中央分隔带的宽度、交通量为依据，如表 6-2。交通量较低时，车辆横越中央分隔带的概率就低，但是，在交通量较低时，车辆的速度就会相对提高，因此，一旦发生横越中央分隔带的情况，就可能产生严重的后果。各国对于交通量的规定有较大差别，但都把中央分隔带的宽度看成是否设置中央分隔带护栏的重要依据，比较宽的中央分隔带，车辆横越的概率也相对低。美国的传统做法是，中央分隔带宽度超过 10m 时可以不设置护栏，考虑到一些公路交通量较大、车速高、横越事故多，一些州已提高了这一标准，如佛罗里达州规定宽度 19.5m 以下、加利福尼亚州规定宽度 23m、每日交通量

60 000辆以上的中央分隔带应考虑设置护栏。1994版规范规定"中央分隔带宽度大于10m时,可不设中央分隔带护栏";2006版规范规定:当整体式断面中间带宽度小于或等于12m时,必须设置中央分隔带护栏;大于12m时,应综合考虑公路线形、运行速度、中央分隔带的宽度、交通量及车型构成等因素,分路段确定是否设置中央分隔带护栏。

表6-2 部分国家设置中央分隔带护栏的标准

国别	中央分隔带的宽度(m)	交通量(辆/日)	道路等级,设计速度(km/h)	国别	中央分隔带的宽度(m)	交通量(辆/日)	道路等级,设计速度(km/h)
比利时	0	5 000		荷兰	推荐13,最低10		干线路,100
	4	10 000			推荐6,最低4.5,		集散路,80
	6	15 000			推荐2.5,最低1.5		本地路,60
	8	20 000		捷克、芬兰			
丹麦	3	5 000		奥地利、德国、匈牙利、日本			快速车道,汽车专用公路一律设置中央分隔带护栏
	6	10 000					
	8	20 000					
波兰	4			阿尔及利亚	4.5		
	6	20 000			4.5~6	4 000	
葡萄牙	4	10 000		罗马尼亚	中央分隔带有障碍物时需设置护栏		
	5	20 000					
	6	30 000		法国	4.5或中央分隔带有障碍物时,需设置护栏		
英国	2			瑞典		15 000	
		10 500					

根据现行《公路工程技术标准》(JTG B01)的规定,一级公路作为干线公路时,设计速度宜为100km/h或80km/h,作为集散公路时,设计速度宜采用60km/h或80km/h。四车道一级公路适应交通量(AADT)为15 000~30 000、六车道一级公路适应交通量(AADT)为25 000~55 000辆。根据国外的研究,可能发生对撞事故的公路,安全速度约为70km/h。此次修订,对于高速公路和作为干线的一级公路,考虑到车辆穿越中央分隔带闯入对向车行道的严重后果,中央分隔带设置护栏的条件,仍采用"中间带宽度小于或等于12m"的规定。如果中间带宽度小于或等于12m,或者中央分隔带内有障碍物,则需要设置护栏。

作为集散的一级公路,整体式断面中间带小于或等于12m,运行速度较高、交通量较大的建议设置中央分隔带护栏,否则可不设置中央分隔带护栏,但要设置保障行车安全的隔离设施。

分离式路基按路侧处理。

6.2.9 此次修订新增。一级公路平面交叉口处,是事故多发的点段,在这里路段上设置的中央分隔带护栏、防眩设施、绿化等,需要进行一些处理,不能影响通视三角区停车视距。

6.2.10、6.2.11 补充最小防护等级的选取原则:

路外危险等级越高,事故后果越严重。速度越高,事故的后果越严重。公路等级越高,承担的交通量更大,路段的风险也越大。所以,护栏最小防护等级由公路等级和事故严重程度等级确定。

2006版护栏等级选取见表6-3,此次修订见表6-4。

表6-3 2006版路基护栏防撞等级适用条件

公路等级	设计速度(km/h)	车辆驶出路外或进入对向车道有可能造成的交通事故等级		
		一般事故或重大事故	单车特大事故或二次重大事故	二次特大事故
高速公路	120	A、Am	SB、SBm	SS
	100、80			SA、SAm
一级公路	60		A、Am	SB、SBm
二级公路	80、60		A	SB
三级公路	40、30	B		A
四级公路	20		B	A

表6-4 此版路基护栏最低防护等级

公路等级	设计速度(km/h)	事故严重程度等级		
		低	中	高
高速公路、一级公路	120	三(A、Am)级	四(SB、SBm)级	六(SS、SSm)级
	100、80			五(SA、SAm)级
一级公路	60	二(B、Bm)级	三(A、Am)级	四(SB、SBm)级
二级公路	80、60		三(A)级	
三级公路、四级公路	40	一(C)级	二(B)级	三(A)级
	30、20		一(C)级	二(B)级

注:1.括号内为护栏防护等级的代码。
   2.各级护栏防护能量:C:40kJ;B、Bm:70kJ;A、Am:160kJ;SB、SBm:280kJ;SA、SAm:400kJ;SS、SSm:520kJ。

主要变化如下:

(1) 根据现行《公路工程技术标准》(JTG B01),把各等级公路对应的设计速度进行了调整。

（2）根据现行《公路工程技术标准》（JTG B01）的规定，设计速度60km/h的一级公路基本上是集散功能，不用设中央分隔带护栏，所以，上版选A、Am级和SB、SBm级，此次修订调整为B、Bm级和A、Am级。

（3）细化了设计速度较低等级公路的护栏的选取。现行《公路护栏安全性能评价标准》（JTG B05-01）增加了一（C）级护栏，对应的中型客车、中型货车的碰撞速度为40km/h，小型客车的碰撞速度为50km/h。对于设计速度小于或等于40km/h的公路，一（C）级护栏适用，只有个别后果非常严重的情况，如：路侧计算净区宽度范围内有高速铁路、高速公路、高压输电线塔、危险品储藏仓库时，才考虑使用二（B）级、三（A）级护栏。

（4）增加了"事故可能性增加或后果更严重的路段，宜在表6-4的基础上提高1个等级"的要求，护栏的整体设置比上版提高了，根据具体情况分析选取：

①"二级及二级以上公路纵坡大于或接近于现行《公路工程技术标准》（JTG B01）规定的最大纵坡值的下坡路段；二级及二级以上公路圆曲线半径等于或接近于现行《公路工程技术标准》（JTG B01）规定的最小半径的路段外侧；"驶出路外的事故概率增加了，增加了风险。

②"设计交通量中，总质量大于或等于25t的车辆自然数所占比例大于或等于20%时。"驶出路外的事故概率增加了，事故严重程度也增加了，增加了风险。

另外，除了日本（表6-5列出了日本护栏等级适用条件），美国AASHTO的《路侧设计指南》，提到四个护栏等级分为TL2～TL5，其中TL3级（碰撞能量为156kJ）是最常用的护栏，TL2级（碰撞能量为77kJ）护栏已经被开发用于限速70km/h以下的道路上防护小客车和轻型货车。而在交通量小、速度低的道路上，典型TL3级（碰撞能量为156kJ）护栏可能没有成本效益。在几何线形差、交通量大且或速度高且重型货车比例显著的情况下，需要设置TL4级（碰撞能量为209kJ）或以上的护栏。设计人员应考虑车辆类型和质量等因素，结合地理位置选择合适的护栏等级。

表6-5 日本护栏等级适用条件

道路的区分	设计速度	一般路段	有发生重大伤害可能的路段	与新干线等有交差或邻近的路段
高速汽车国道汽车专用道路	80km/h 以上	A、Am	SB、SBm	SS
	60km/h 以下		SC、SCm	SA
其他道路	60km/h 以上	B、Bm	A、Am	SB
	50km/h 以下	C、Cm	B、Bm*	

注：* 设计速度40km/h以下的道路可以使用C、Cm。

各级防护能量如下：C、Cm：45kJ；B、Bm：60kJ；A、Am：130kJ；SC、SCm：160kJ；SB、SBm：280kJ；SA：420kJ；SS：650kJ。

澳大利亚的《路侧设计指南》中提到：一般情况下会使用性能较低的TL2级（碰撞能量为77kJ）护栏，常用的TL4级（碰撞能量为209kJ）或性能中等的TL5级（碰撞能量为596kJ）护栏。当风险评估显示重型车冲出路外的概率非常高时，可以考虑高等级护栏如

TL5(碰撞能量为596kJ)或TL6(碰撞能量为596kJ)。除桥梁护栏和一些极端特殊情况的路侧护栏外,一般的路侧护栏都不是为防护厢式货车、油罐车或半挂车设计的。出现这种局限性主要是因为在很多路上这些车流量较低且设置防护成本又很高造成的。

可以看出,护栏等级的选取更需要进行具体分析和经济分析。对比表明,此次修订后我国护栏等级选取的结果不低于日本、美国、澳大利亚等发达国家护栏等级。

6.2.12 护栏也是障碍物,所以只有设置护栏后,驶出路外车辆的事故后果更轻,才考虑设置护栏。设置护栏是需要投入工程经费的,对于低交通量公路,同时车速不高的公路或路段,设置护栏可能是不经济的。参考美国、澳大利亚的《路侧设计指南》,AADT 小于 2 000 且设计速度小于或等于 60km/h 的公路,可以根据具体的风险及经济分析的结果,确定是否设置护栏;也可以根据评估与分析结果,护栏等级的选取可在表 6.2.10 的防护等级上降低 1 个等级。

护栏防护等级及代码,引用《公路护栏安全性能碰撞评价标准》(JTG B05-01—2013),见表6-6。

表 6-6　护栏防护等级及代码

防护等级	一	二	三	四	五	六	七	八
代码	C	B	A	SB	SA	SS	HB	HA
设计防护能量(kJ)	40	70	160	280	400	520	640	760

6.2.13 此次修订新增。对护栏上游端头处理提出了要求。

没有经过处理的护栏端部在受到车速较高的驶出路外车辆冲撞时将给驾乘人员带来伤害,因此应从有助于防止冲撞和冲撞时具有一定缓冲性的角度加以处理。国家"十一五"科技支撑计划"山区公路网安全保障技术体系研究与示范工程"课题的相关研究成果表明,路侧波形梁护栏在行车方向的上游端头为圆头式时,如果设置不当,对碰撞车辆和驾乘人员有可能造成伤害。另外,使用经验表明,有些车辆碰撞没有外展的地锚式端头,也可能骑上端头,易引起伤害。因此,本规范规定,处于路侧计算净区范围内的上游护栏端头要进行一定的处理。另外,双车道公路车辆驶入对向车行道驶出路外时可能碰撞对向护栏的下游端头,可能造成事故,但由于车速较低,程度可能较低,因此"宜考虑"这种可能性,进行具体分析,未做强制规定。

适合我国公路、交通和经济条件,又能满足交通安全要求的护栏端头处理方式、缓冲设施等,目前国内有一些成果。国外端头处理的一些原则如下,可供设计或产品研发时参考。但无论是地锚式或外展式的处理,还是设置缓冲设施,都应有研究成果支撑或满足实车足尺碰撞试验验证。

(1) 端头外展,根据具体地形情况,最好直至计算净区宽度外,半刚性护栏的端头外展结束端要锚固(立柱或拉索)。

(2) 半刚性护栏端头外展,在填挖交界处埋入土体时,土体内要做延长和锚固。

(3) 无法外展而又不满足安全要求的端头前,设置相应防护等级的缓冲设施。

(4)以上都不满足时,对于集散的二级公路及三、四级公路迎交通流一端建议采用地锚式端头,并进行警示提醒或设置立面标记。

这里的"不构成障碍物的土体"指边坡,且边坡坡面上没有超过30cm高的障碍物或其他障碍物,见图6-4。

图6-4 上游护栏端头外展至土体内、坡面上无障碍物

6.2.14 不同防护等级或不同结构形式的护栏之间连接时,要进行过渡段设计,目的是为了减少车辆碰撞连接段,因为横向变形不同而发生绊阻,产生人员伤亡时的后果,尤其是车行方向上从刚性小的护栏向刚性大的护栏过渡时。过渡段的等级至少达到相连接的两种护栏里较低的防护等级。

6.2.15 此次修订进一步强调了隧道出入口护栏的过渡段设计。隧道出入口是事故多发点,尤其是隧道入口。无论是路侧还是中央分隔带,隧道出入口护栏要进行过渡段设计。

6.2.16 根据碰撞后的变形程度,护栏可分为刚性护栏、半刚性护栏和柔性护栏,其主要代表形式分别为混凝土护栏、波形梁护栏和缆索护栏,钢背木护栏属于半刚性护栏的一种。刚性护栏几乎不变形,但当车辆与护栏的碰撞角度较大时,对车辆和驾乘人员的伤害较大;半刚性护栏刚柔相兼,具有较强的吸收碰撞能量的能力,对车辆和驾乘人员的伤害相对较小;柔性护栏在受到碰撞后,由于变形较大,因此对车辆和驾乘人员的伤害最小。

相同防护等级的护栏形式具有不同的防护特性,其中W(护栏最大横向动态位移外延值)和VI_n(车辆最大动态外倾当量值)是两个非常重要的使用指标值。当障碍物前设置护栏时,包括路侧或中央分隔带的护栏面距离其防护的障碍物的距离,要大于护栏最大横向动态位移外延值(W)或车辆最大动态外倾当量值(VI_n),否则车辆碰撞护栏时,车辆仍然会碰撞障碍物。

护栏最大横向动态位移外延值(W)和车辆最大动态外倾值(VI)示意见图6-5。车辆最大动态外倾当量值(VI_n)是VI按照车辆总高4.2m换算后的车辆最大动态外倾值,根据

《公路护栏安全性能评价标准》(JTG B05-01—2013)中第5.7.2条的规定,大中型车辆(包括特大型客车)的车辆最大动态外倾当量值应按式(6-1)计算。

$$VI_n = VI + (4.2 - V_H)\sin\alpha \tag{6-1}$$

式中:VI_n——大中型车辆(包括特大型客车)的车辆最大动态外倾当量值(m);

VI——实车足尺碰撞试验测出的车辆最大动态外倾值(m);

V_H——试验车辆总高(m);

α——试验车辆外倾角度(°)。

根据《公路护栏安全性能评价标准》(JTG B05-01—2013),护栏在实车足尺碰撞试验结果能够获得这个值。

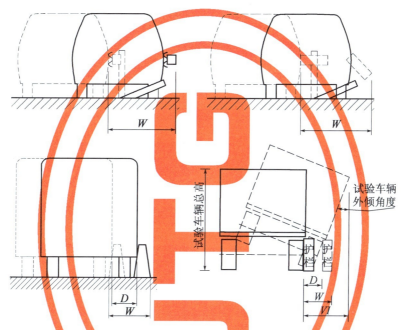

图6-5 护栏最大横向动态变形值(D)、护栏最大横向动态位移外延值(W)和车辆最大动态外倾值(VI)示意

6.2.17 W 和 VI_n 的使用:根据护栏离障碍物的距离、障碍物的高度而定,如果障碍物不高,重点考虑 W;如计划布设护栏外侧上空有较高固定物,不能移除,且主要车型为大型车辆时,需重点考虑 VI_n,如上跨桥墩。

6.2.18 根据我国已通车高速公路和一级公路的运营经验,大型车辆尤其是大型货车所占比例较大的路段,车辆穿越中央分隔带与对向车辆发生碰撞造成恶性交通事故的事件时有发生,因此条文中规定"大型车辆所占比例较大的路段,除位于冬季风雪较大的地区外",推荐选用混凝土护栏。风雪较大的路段,混凝土护栏因容易阻雪,因此不适合使用。

至于具体采用整体式还是分设型混凝土护栏,主要根据中央分隔带内需要防护的设施或结构物类型确定。如中央分隔带内存在上跨桥梁中墩、交通标志、照明灯杆等障碍物,或者需要经常性地与桥梁或隧道过渡,或者与通信管道的协调较困难时,可采用分设型混凝土护栏的形式,如图6-6a);否则可采用整体型混凝土护栏,如图6-6b)。

采用整体式混凝土护栏,并非只是减小中央分隔带的宽度,从安全行车和视距保障的角度,混凝土护栏两侧最好有50cm及以上的余宽,或能满足平曲线路段内侧车行道停车视距的需要,最小也要满足现行《公路工程技术标准》(JTG B01)中关于公路建筑限界"C"值的要求。

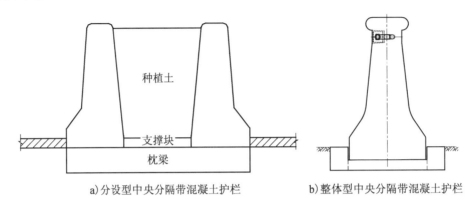

a) 分设型中央分隔带混凝土护栏　　　　b) 整体型中央分隔带混凝土护栏

图6-6　中央分隔带混凝土护栏示例

6.2.20 在选择护栏形式时,除了上述的主要因素变形之外,还需要综合考虑以下因素:

(1) 护栏及其端头、与其他形式护栏的过渡处理宜采用标准化材料、产品。个别地点特殊需要的护栏需定制、加工。

(2) 选择护栏形式时,应考虑护栏的初期成本、投入使用后的养护成本,包括常规养护、事故养护、材料储备和养护方便性等。宜结合路面养护方式采用经济适宜的形式。

(3) 选择护栏形式时应考虑沿线的环境腐蚀程度、气候条件和护栏本身对视距的影响等因素,并适当考虑美观因素。对景观有特殊要求的公路可选择外观自然、与周围环境相融合的护栏形式,但不能降低护栏防护等级。

6.2.21 护栏最小长度由两个方面决定:一是从车辆驶出路外的轨迹、计算净区宽度范围内障碍物位置,来确定需要的长度;二是护栏发挥整体作用的最小结构长度,可按表6.2.21选定。最小结构长度也可以根据护栏产品设计开发方提供的经实车碰撞试验评定的最小结构长度(满足评价标准)决定。这个护栏产品包括了端部锚固的方式。

端部缓冲设施,可以和整体结构有关,也可以无关。护栏端头设计在保证整体结构的基础上,能发挥缓冲作用不伤及碰撞护栏端头的车辆,这是理想结果;如果不能,可以在护栏端头加缓冲设施。

此次修订,在保留原护栏最小长度(结构长度)的基础上,增加根据车辆驶出轨迹和路侧计算净区宽度内障碍物的位置确定的需要长度(防护长度);另外允许护栏产品结构开发方提出满足实车碰撞评价要求的护栏产品的最小结构长度。这两个值中的大者为护栏最小长度。

表6.2.21中波形梁护栏包括两波形梁护栏、三波形梁护栏。

相邻两段护栏的间距小于护栏最小长度时，最好将两段护栏连接起来。

两种护栏形式连接，常见的波形梁护栏和混凝土护栏连接，通常是采用钢护栏过渡段将二者连接成一个整体，因此结构长度是2种形式护栏的长度和。例如：高速公路上，长45m的波形梁护栏和长30m的混凝土护栏良好的过渡连接，总长度为75m。两种护栏的结构长度分别是70m、36m，大值是70m。75m大于70m，是满足最小结构长度要求的。

6.3 桥梁护栏和栏杆

6.3.1 设置原则

一般情况下，桥梁路侧危险程度明显比路基段高，车辆越出桥梁外往往会造成车毁人亡的重大恶性交通事故。考虑到公路的运行速度、交通量、投资费用等因素，根据公路的功能和技术等级及现行《公路工程技术标准》(JTG B01)的要求，做出了本条的规定。

对设置有人行道的公路，一般认为，可不必考虑车辆掉下桥梁的可能性。但是，为预防从桥上掉下的车辆造成二次事故并考虑到在公路桥梁上设置人行道(自行车道)，车辆和行人处于同一平面上，对交通量大、车速高的桥梁段，车辆碰撞行人和自行车(非机动车)的事故严重度增大，为保护行人和自行车(非机动车)，同时把机动车和自行车(非机动车)在平面上分隔开，提高车辆与行人(非机动车)的安全性，按实际需要在人行道与车行道(自行车道)分界处设置组合护栏是适当的。

6.3.2 护栏防护等级的选择

各防护等级的桥梁护栏安全性能需要根据现行《公路护栏安全性能评价标准》(JTG B05-01)的规定，通过试验来进行验证，主要包括阻挡功能、缓冲功能和导向功能等。

桥梁护栏防护等级的选取，主要从公路等级和设计速度、桥梁护栏外侧的危险物特征等方面加以考虑：

（1）公路等级和设计速度

设置桥梁护栏时，原则上需要根据公路等级和设计速度并结合交通量、运行速度和投资费用等因素选择相应防护等级的桥梁护栏。

一般情况下，较低的防护等级适用于服务水平较低或某些类型的施工区。较高的防护等级适用于服务水平较高或需要特别高性能的桥梁护栏，如跨越国家高速公路网、高速铁路和城市饮用水源地的桥梁。

使用经验表明，六(SS)级能满足大多数国家高速公路网桥梁护栏设计的需要，大型车辆混入率高、桥下净空高等危险性较高的特殊路段，需要在这些路段设置防护等级更高的桥梁护栏，如七(HB)、八(HA)级适应于主流车型为高重心的特大型客车(25t)、大型货车(40t、55t)运营的需求，或者车辆的翻车或冲断护栏将导致极为严重后果的桥梁路段。

（2）路侧危险物特征

桥梁邻近（平行）或跨越公路、铁路，车辆越出有可能发生二次事故时，或穿越饮用水源地一级保护区等特殊路段的桥梁，需要在这些路段设置更高防护等级的桥梁护栏。

不利的现场条件还包括较小的曲线半径、位于曲线路段的陡坡、横向坡度发生变化或沿线气象条件恶劣等情况。

6.3.3 形式选择

桥梁护栏按结构形式可分为刚性护栏（钢筋混凝土 F 型、单坡型、梁柱式等）、半刚性护栏（金属梁柱式、双波形梁护栏、三波形梁护栏等）和组合式护栏等。

本条规定了选择桥梁护栏形式时需要考虑的几个因素。

桥梁护栏的防护等级确定后，可以主要从容许变形程度、美观、结构要求、经济性和养护维修等方面确定适当的护栏形式。虽然桥梁护栏的建造成本只占桥梁总建造费用的很小一部分，但是不同的形式对其在安全、美观、耐久、养护等方面仍具有很大的影响，桥梁护栏要与桥梁形式、桥梁周围的自然景观相协调，起到美化桥梁建筑的作用。

条件成熟时，可以采用新型结构和轻型材料，以提高桥梁护栏的防护性能、减少桥梁的自重。

小桥、通道、明涵由于跨径较短，如根据本规范的要求设置桥梁护栏，一般不能满足桥梁护栏结构上所需的最短长度，并且要在很短的桥梁护栏上进行两次过渡段处理，造成短距离内桥梁护栏强度的不连续，整个护栏也不美观，所以，在不降低桥梁路段安全性的前提下，对小桥、通道、明涵的护栏可以按路基护栏的要求设置。

6.3.4 构造要求

桥梁护栏形式中，属于半刚性护栏的双波形梁护栏、三波形梁护栏除基础需要与桥梁主体结构进行牢固连接外，其他构造要求同路基护栏。本条主要对半刚性护栏中的金属梁柱式护栏和混凝土护栏、组合式护栏的构造要求进行必要的规定。

（1）条文主要参考了美国、英国和日本等国家桥梁护栏规范的有关规定。

①为防止车辆在立柱处绊阻，金属立柱与护栏迎撞面之间需要有一定的宽度。美国 2012 版 *AASHTO LRFD Bridge Design Specifications* 规定：金属梁柱式护栏横梁的总高度之和不应小于全高的 25%；护栏的竖向净空、立柱的退后距离应位于图 6-7a）所示的阴影区以内或以下；横梁的总高度之和与护栏高度之和与立柱的退后距离应位于图 6-7b）所示的阴影区以内或以上。根据我国已开展的桥梁护栏实车碰撞试验的结果，并考虑到经济因素，做出了条文的规定。

②车辆与护栏的位置关系如图 6-8。护栏抗倾覆荷载的有效高度可以通过下列公式计算：

$$H_e = G - \frac{WBg}{2F_t}$$

式中：G——配载后试验用标准车辆重心距桥面板的高度(m)，可以根据《公路护栏安全性能评价标准》(JTG B05-01—2013)第5.5节的规定得到；

W——相应于所需要的防护等级的配载后试验用标准车辆的质量(kg)，如表3.4.2-1；

B——轮胎最外侧立面之间的距离(m)，可以根据《公路护栏安全性能评价标准》(JTG B05-01—2013)第5.5节的规定得到；

F_t——相应于所需要的防护等级的横向荷载(N)，如表3.3.5。

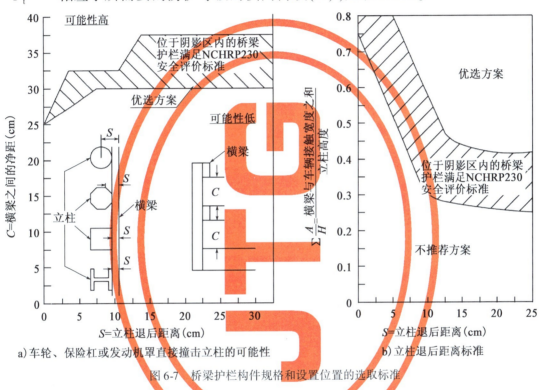

a) 车轮、保险杠或发动机罩直接撞击立柱的可能性   b) 立柱退后距离标准

图 6-7 桥梁护栏构件规格和设置位置的选取标准

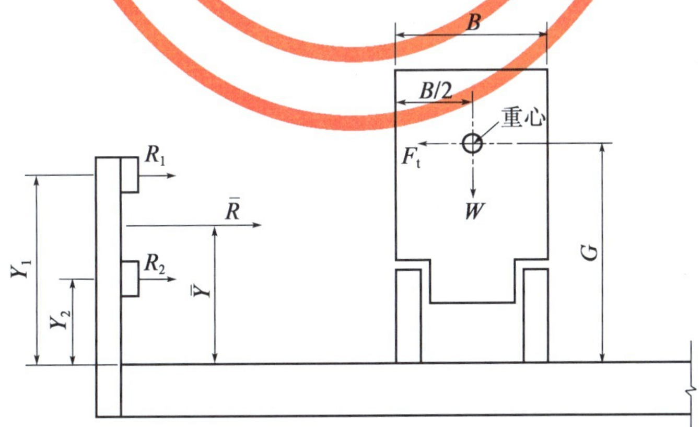

图 6-8 车辆与护栏的位置关系

根据上述公式及相关试验成果，对各防护等级的护栏高度进行了规定。此外，根据工

程经验和英国标准 *Highway parapets for bridges and other structures*: *Part 1 Specification for vehicle containment parapets of metal construction* (BS 6779-1) 的规定:金属梁柱式护栏 N 级(防护能量为 86.4kJ)、L 级(防护能量为 43.3kJ)护栏的总高度,从基线起不应小于 1.00m;H 级(防护的能量为 554.6kJ)护栏的总高度,从基线起不应小于 1.5m。据此规定了各防护等级护栏的最小总高度。

③规定金属制桥梁护栏构件的最小截面厚度主要从保证桥梁护栏系统具有一定的刚度考虑,使车辆碰撞桥梁护栏时不致发生过大的变形,其次是桥梁护栏要有一定的强度储备。

④本款参考了日本护栏标准。横梁拼接处需要具有不妨碍由于横梁受温度变化引起的伸缩变形的性能,又能使横梁具有连续性,并且在护栏的碰撞面(正面)没有突出物。桥梁护栏的横梁一般是开口或闭合的空心断面形式,连接用套管需要能够在横梁变形时不脱落,并能传递横梁的弯曲应力。拼接套管的最小长度是根据横梁的宽度和最小四个拼接螺栓确定的。

为便于操作与简化设计程序,本款将原规定的"拼接套管的截面抵抗矩不应低于0.75 倍的横梁截面抵抗矩"改为"拼接套管的抗弯截面模量不应低于横梁的抗弯截面模量"。在此基础下,横梁拼接处的轴拉力均大于原横梁,因此取消了关于拼接处设计拉力值的规定。

⑤国外就路缘石的防撞性能进行了大量试验研究,美国的 Graham 对设有护栏的路缘石进行的碰撞试验,结果如表 6-7。

表 6-7 设有护栏的缘石碰撞试验结果

试验编号	撞击试验条件		路缘石尺寸(in)		评 注
	速度(mph)	角度(°)	A	b	
10	61	27	10	60	当车通过5ft宽的人行道时,没有跳车(21.P117)。10in高的路缘石损坏了驾驶系统(21.P117)
11	51	28	10	20	10in高的路缘石损坏了驾驶系统(21.P117)
16	29	22	10	20	(11 000磅绞车)前轮登上路缘石……(21.P117)
29	45	35	10	18	驾驶系统受到10in高路缘石的严重损坏……(21.P139)
30	55	25	10	18	
31	60	25	10	20	由于前轮的损坏,当车离开栏杆后,在31号试验中车轮转离栏杆。在32号试验中车轮朝向栏杆(21.P117)
32	61	25	10	20	
44	31	7	6	6	车辆的损坏是轻微的,所以两个试验(44和45)用同一个车,并在第二个试验后,车还是可驾驶的(21.P.133,13)
45	53	7	6	6	
47	40	25	6	6	……使用前已损害的汽车,然而驾驶部分没有进一步损坏,而且试验后车被开走了(21.P138)

注:1mph = 1.609km/h;1ft = 0.305m;1in = 2.54cm。

从该试验可得出如下结论:当路缘石偏离护栏正面时,25.4cm 高的路缘石对驾驶人造成相当严重的伤害,并导致"跳车";但当路缘石只有 15.2cm 高且靠近护栏的正面,不会发生"跳车"时,此时路缘石对车辆与护栏碰撞没有造成值得注意的影响。一般情况下,路缘石不要和护栏一起使用,如果由于其他原因必须一起使用,如排水的需要,则应把路缘石设在护栏的正面或路缘石的正面与护栏正面成一直线,并且路缘石的高度尽可能低。这时,在确定护栏横梁距桥面的竖向净空时,应忽略路缘石的高度。

英国桥梁护栏标准规定路缘石的高度为 50～100mm,并且路缘石的正面与护栏正面在立面上成一直线(垂直于桥面)。

⑥路缘石与人行道可以分开设置,也可以合并设置,其结构如图 6-9。日本护栏设置标准规定:为了防止车辆接近和减少碰撞荷载给桥面板带来的影响,桥梁一般都设置底座。考虑到护栏设置的难易程度和基础构造,一般公路的底座高度为 250mm 左右,车辆运行速度高的高速公路、一级公路底座高度应小于 120mm。英国规范中,对 PC1 和 PC2 类型(均设置了人行道)的路缘石,其高度除特别注明外,采用 100mm,在桥梁段采用 75mm。

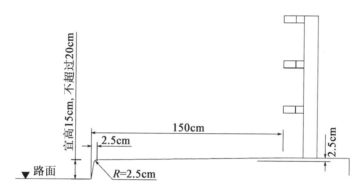

图 6-9 典型的采用路缘石与人行道合并设置的结构示意

(2) 钢筋混凝土墙式桥梁护栏的形式有 NJ 型、F 型、单坡型和直墙型等,美国的碰撞试验结果表明,这些形式的护栏在具有一定高度并按照设计荷载配筋时,均能达到相应的防护等级,如护栏高度分别为 81cm、90cm、100cm 时,其防护等级能达到三(A)、四(SB)、五(SA)等级,在 F 型护栏基础上开发的加强型护栏,高度为 100cm、110cm,强度能达到五(SA)、六(SS)等级。

根据混凝土护栏的发展趋势,桥梁混凝土护栏推荐采用 F 型、单坡型和加强型,其迎交通流方向的断面形式应与路侧混凝土护栏相同,未经试验验证不能随意改变,但其背面可以根据所在位置适当调整。

钢筋混凝土护栏靠近交通流的一侧,由于经常受到车辆的碰撞和摩擦作用,使混凝土表层擦伤、破碎或脱落,造成钢筋外露、腐蚀破坏、影响外观,并且增加了碰撞车辆与护栏间的摩擦系数,影响护栏的防撞性能。解决这一问题有两种方法:首先要选择适当的材料,如在硅酸盐水泥中减小铝酸三钙的含量;其次,钢筋混凝土保护层厚度不宜过小,提高混凝土构件表面的质量。本规范参照现行《公路钢筋混凝土及预应力混凝土桥涵设计规范》(JTG D62)和美国钢筋混凝土护栏保护层厚度的一般要求,规定其最小值为 4.5cm。

组合式桥梁护栏是由钢筋混凝土墙式护栏和金属制梁柱式护栏组合而成的。目前我国公路最常用的桥梁护栏类似组合式 NJ 型的护栏,在美国过去的一些特大桥、大桥也都采用组合式桥梁护栏。组合式桥梁护栏可做成组合式 NJ 型,也可做成组合式 F 型,建议采用 F 型。钢筋混凝土墙式护栏的背面可根据实际条件改变其形状。但是,靠近交通流面即护栏正面的截面形状未经试验验证不能随意改变。

混凝土护栏内侧垂直部分可以有 7.5cm 的余量,供路面加铺用。

(3) 桥梁护栏横梁的伸缩缝设计要与桥梁伸缩缝的位移相一致,在横梁伸缩缝处,一方面要保证桥梁能自由地伸缩变形,另一方面要考虑桥梁护栏的结构连续性。在桥梁伸缩缝处的刚性护栏上需要预留桥梁伸缩缝安装孔、孔的大小根据伸缩缝的尺寸和弯起高度来确定,一般孔高在桥面铺装层上 20～30cm,保证安装时不损坏刚性护栏,如图 6-10。桥台耳墙上要设计与桥梁上部结构相一致的刚性护栏,长 3～5m,以方便与半刚性护栏的连接、桥梁伸缩,以及桥面水的集中排出。桥梁护栏在伸缩处非连续的做法不能轻易使用。

图 6-10 伸缩装置横断面示例(尺寸单位:mm)

(4) 本款引自英国桥梁护栏标准中有关辅助构件设置的规定。

①桥梁护栏的主要功能,一是阻挡车辆、行人、非机动车掉下桥,为公路使用者提供安全保障;二是美化桥梁建筑。为避免桥梁护栏结构形式单调、与周围景观不协调,还要根据美观和保护行人安全的需要设置不承受碰撞荷载的辅助构件。同时,辅助构件的设置不能影响桥梁护栏的防撞性能。

②设置辅助构件时,需要考虑不影响碰撞车辆的运动。车辆碰撞护栏时辅助构件不能刺入车体内。在水平方向设置的辅助构件,不能超出纵向有效构件的投影范围;在垂直方向设置的辅助构件,不能比立柱更突出于车行道一侧。

6.3.5、6.3.6 引自现行《城市桥梁设计规范》(CJJ 11)和《城市人行天桥与人行地道技术规范》(CJJ 69),并参考了美国桥梁规范对自行车道栏杆的有关规定。对于金属网状栏杆,其网状开口的大小要能挡住普通大小的饮料容器。

6.3.7 桥梁护栏与桥面板需要进行可靠连接,目前常用的方法有:

(1) 金属梁柱式护栏立柱与桥面板的连接可以采用直接埋入式或地脚螺栓的连接方式。有条件时,也可以采用有特殊基座的抽换式护栏基础。

①直接埋入式适用于桥面边缘厚度满足护栏立柱埋入 30cm 以上的情况。在结构物混凝土浇筑时,需要预留安装立柱的套筒,其孔径最好比立柱直径或斜边方向宽 4～10cm,套筒周围的结构物需要配置加强钢筋。

②地脚螺栓连接方式适用于立柱埋深不足30cm的情况。在结构物混凝土中预埋符合规定长度的地脚螺栓,立柱底部焊接加劲法兰盘,与地脚螺栓连接。

如桥面板较薄(10~15cm),应验算在碰撞荷载作用下桥面板是否首先受到破坏。

(2) 钢筋混凝土墙式护栏与桥面的连接需要符合下列规定:

①采用现浇法施工时,需要通过护栏钢筋与桥梁结构物中的预埋钢筋连接在一起的方式形成整体。

②采用预制件施工时,通过锚固螺栓等连接件将桥梁结构物与护栏连接在一起形成整体。

(3) 钢筋混凝土梁柱式护栏和组合式护栏可以采用钢筋混凝土墙式护栏与桥面的连接方法。

6.3.8 根据美国公路交通事故统计资料,车辆碰撞路侧护栏的事故中有50%发生在路基护栏与桥梁护栏的过渡段上,车辆碰撞桥梁护栏的事故中有50%是发生在桥梁护栏端部。碰撞桥梁端部的事故中,死伤事故占29.8%,而车辆碰撞路侧护栏、中央分隔带护栏死伤事故仅占9.5%。因此,欧美等国特别重视桥梁护栏的过渡段设计。本规范按照国内外的研究和实践成果,规定路基护栏与桥梁护栏无论是防护等级不同还是护栏的刚度不同,均要进行过渡设计,以避免护栏端部构成行车障碍物。设计速度大于60km/h的小桥、通道、明涵护栏两侧未设置路基护栏时,桥梁护栏端部要进行妥善处理,以避免车辆碰撞护栏端部或从桥梁端部冲出路外;设计速度小于或等于60km/h的小桥、通道、明涵护栏两侧,需要设置缓冲设施或视线诱导设施。

6.4 中央分隔带开口护栏

6.4.1 设置原则

(1) 高速公路的对向交通是完全隔离的,为保持中央分隔带防护性能的完整性,高速公路的中央分隔带开口处必须设置中央分隔带开口护栏。

(2) 设置中央分隔带的一级公路一般车速很快,不封闭的中央分隔带开口很容易导致恶性交通事故,因此规定除平时允许掉头的中央分隔带开口之外,其余开口宜设置中央分隔带开口护栏。

(3) 中央分隔带开口护栏的长度必须能封闭中央分隔带开口才能起到分隔对向交通的目的,因此要求中央分隔带开口护栏的设置长度必须能有效封闭中央分隔带开口。

(4) 中央分隔带开口护栏是公路交通管理设施的一部分,它必须与公路主体和其他交通工程设施互相协调才能完全发挥交通工程设施的功能。因此,为保证中央分隔带护栏的视线诱导功能的连续、顺畅,要求中央分隔带开口护栏的高度应该与中央分隔带护栏的高度保持协调。

(5) 要求中央分隔带开口护栏上设置轮廓标或反光片是为了使夜间中央分隔带开口护栏具有很好的视认性,同时使中央分隔带一侧的轮廓标不至于中断而造成驾驶人的视觉错误。为与中央分隔带轮廓标相协调,建议设置的反射体在颜色和设置高度上与轮廓标保持一致。

（6）当中央分隔带开口所处的路段有防眩要求的时候,宜在中央分隔带开口护栏上设置防眩设施。防眩设施的形式选择、设置间距、设置高度、遮光角等技术条件应符合本规范防眩设施相关条文的规定。

6.4.2 防护等级的选择

中央分隔带开口护栏既要具有防撞能力,又要便于开启,因此其结构必然不同于相邻的中央分隔带护栏,其工程造价也必然高于中央分隔带护栏。为有效降低工程造价并避免高速公路中央分隔带沿线出现大的交通安全隐患,在确定活动开口的位置时,应综合考虑设置间距、路线几何线形、行车视距和构造物分布等因素,应选取没有潜在安全隐患的路段。已经确定的活动开口位置应设置具有一定防护能力的开口护栏,其防护等级可适当低于中央分隔带护栏1~2级,但高速公路中央分隔带开口护栏不得低于三(Am)级。如中央分隔带按规定选取了五(SAm)级,则中央分隔带开口护栏等级可选取五(SAm)、四(SBm)、三(Am)三种级别,但不能选取二(Bm)级。

6.4.3 中央分隔带开口护栏是设置在中央分隔带开口处,为方便特种车辆（如交通事故处理车辆或急救车辆）在紧急情况下通行和一侧公路施工封闭时临时开启放行的活动设施。中央分隔带开口护栏在临时开放时要方便开启与关闭、具有可移动性,建议在10min内开启至少10m。

中央分隔带开口护栏与中央分隔带护栏标准段之间一般存在结构及刚度变化,如果中央分隔带开口护栏端部没有经过安全处理,车辆碰撞此处易发生绊阻,可能导致比较严重的后果,所以中央分隔带开口护栏端部需要与中央分隔带护栏标准段在结构和刚度上进行合理过渡。

6.5 缓冲设施

6.5.1 设置原则

1~5 高速公路主线分流端、匝道出口、收费站导流岛端部、混凝土护栏端部、隧道洞口以及其他车辆撞击易造成冲击伤害的路侧障碍物均属于危险区域,考虑到事故发生的概率因素,要求分流端、匝道出口、收费站分流岛等位置一般均应设置防撞垫,而其余位置则根据具体情况,有条件时设置。

高速公路的主要功能为用户提供安全、快捷的出行,防撞垫在提供安全防护的时候,不能影响其主要功能的发挥。

6 可导向防撞垫放置在护栏端部时,要考虑防撞垫导向作用的发挥,并不造成新的安全隐患,要求防撞垫的导向结构与护栏连接顺畅。同时考虑施工、维护方便,应考虑安装的快捷性。

6.5.2　防护等级的选取

2006 版设计规范提出了护栏端头的处理要求,但对端头的安全性能指标没有具体规定。现行《公路护栏安全性能评价标准》(JTG B05-01)规定了护栏端头按防护等级分为 TB、TA、TS 三级,其设计防护速度分别为 60km/h、80km/h 和 100km/h。参考欧洲的选取标准,确定了我国 TB、TA、TS 防护等级护栏端头适用的公路设计速度分别为 80km/h、100km/h 和 120km/h。

防撞端头、防撞垫的防护等级主要依据车辆正面碰撞的速度来确定,设计速度越高的高速公路,车辆撞击防撞垫的车速也就越高,因而所采用的防护等级也应该越高。考虑到国内防撞垫的研究、应用现状、运营经济成本等因素,本规范采用了较为宽松的规定。但是,高速公路的防撞垫防护等级不能低于一(TB)级。

7 视线诱导设施

7.1 一般规定

视线诱导设施主要包括轮廓标、合流提示类标志、线形诱导标、隧道轮廓带、示警桩、示警墩、道口标柱等设施。各类视线诱导设施在设置时,要注意相互协调、避免相互影响。公路视线诱导设施属于主动引导设施,对提高夜间的行车安全水平有重要作用,在条件允许时,可以适当地增加设置,以发挥其节能、价廉的优点。

(1) 轮廓标

轮廓标用以指示公路的前进方向和边缘轮廓,轮廓标的反射体与汽车前照灯及驾驶人视线的几何关系如图7-1。驾驶人从反射器正面驶来,逐渐接近并从轮廓标侧面通过。

图7-1 反射体与灯光、驾驶人视线的关系

在这个过程中,反射体的入射角由于线形的关系,有可能在很大范围内变化。相反,观察角的变化却很小。入射角的变化可以影响反射器的亮度。因此,在公路上使用的反射体必须保持均匀、衡定的亮度,不允许闪耀,也不允许当入射角在某一范围时突然变亮或变暗。保持足够的反射亮度是轮廓标反射器必须具有的光学性能。

一般在静止条件下,用行驶光束(远光灯)照射轮廓标反射体时,驾驶人能在500m处发现,在300m处能清晰地看见;用交会光束(近光灯)照射时,驾驶人可在200m处发现,在100m处能清晰地看见。

(2) 合流提示类标志、线形诱导标

合流提示类标志、线形诱导标分别属于警告标志和指路标志,具体要求与现行《公路交通标志和标线设置规范》(JTG D82)的规定保持一致。

(3) 隧道轮廓带

隧道轮廓带近年来在特长隧道、长隧道应用较多,主要用于指示隧道横断面轮廓。

(4) 示警桩、示警墩

对于三、四级公路，达不到护栏设置标准但存在一定危险因素的路段，如位于图6.2.4中Ⅱ区阴影范围的路段，可设置示警桩、示警墩等设施。

(5) 道口标柱

道口标柱设置在公路沿线较小交叉路口两侧，用来提醒主线车辆提高警觉，防范小路口车辆突然出现而造成意外的情况发生。

7.2 设置原则

7.2.1 轮廓标

(1) 高速公路、一级公路上车辆运行速度很高，为提高行车的安全性和舒适性，指示公路前方线形非常重要，连续设置轮廓标就是诱导驾驶人视线，标明公路几何线形的有效办法。驾驶人能明了前方公路线形，从而能快速、舒适地行驶，增加行车安全水平，有效地避免交通事故。在高速公路、一级公路互通式立体交叉枢纽范围内，及服务设施、停车场等进出口匝道连接线上，特别在小半径曲线上，应在公路两侧连续设置轮廓标。

汽车驾驶人在白天一般以交通标线及护栏作为行车指导，快速顺利地行驶。但到了晚上，上述设施的视线诱导功能显著下降，交通标线只能在汽车前灯照射的有限范围内才能看清，护栏由于设置在公路两侧，夜间的可视距离更小。随着汽车行驶速度的增加，驾驶人迫切需要了解公路前方的路线走向。据日本运输省对道路运输车辆的安全标准规定，汽车前灯同时打开能确认前方100m的障碍物，如使用近光灯，则应能确认道路前方40m处的障碍物。在行驶速度为40km/h的情况下，其制动距离为40m，刚好能满足近光灯照射下确认前方40m处的障碍物。如果速度超过40km/h时，需要的制动距离已超过了近光灯可能看清的范围，这时，恐怕就难以弄清前方道路的状况，也就很难保证行驶的安全。因此，在日本的视线诱导标设置标准中明确规定，设计车速在50km/h以上的路段必须设置视线诱导设施。

车道数及车道宽度或路肩宽度发生变化的路段，是造成交通流不稳定的重要原因，在夜间往往会引起交通安全方面的问题。在该路段设置的轮廓标能使驾驶人了解车道数或车道宽度的变化，这对顺利通过瓶颈路段、防止事故发生将会十分有效。

汽车从直线段过渡到曲线段，尤其向小半径曲线行驶时，驾驶人的视线很难随公路线形急剧变化。在夜间，驾驶人更难以看清公路的线形。如果在急弯陡坡及与急弯连接的路段连续设置轮廓标，可以使驾驶人了解公路线形的急剧变化，非常清晰地显示出公路轮廓，从而能有效地预防交通事故的发生，确保交通安全。

(2) 隧道检修道上设置轮廓标，可有效显示检修道的位置，防止车辆撞击检修道，如图7-2。

(3) 二级及二级以下双车道公路设置双面反光轮廓标时，轮廓标双向均设置为白色，可避免驾驶人"同向交通"的误解。

(4) 轮廓标的设置间隔应根据公路线形而定，高速公路、一级公路的直线段，其设置最大间隔不应超过50m。视线诱导标连续等间距设置时,由于受到前灯照射角度的影响,在小半径曲线路段内,轮廓标的连续可视性要比直线路段差,不能保证具有圆滑曲线的诱导效果,因此,日本在曲线上设置轮廓标,其间距按式(7-1)的计算结果确定。

$$S = 1.1(R - 15)^{1/2} \tag{7-1}$$

式中:S——轮廓标设置间距(m);

R——曲线半径(m)。

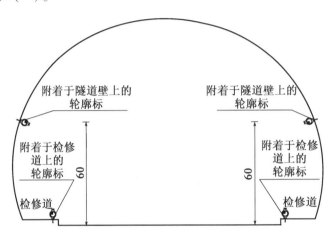

图7-2 隧道内视线诱导设施设置示例(尺寸单位:cm)

日本轮廓标设置标准中,对轮廓标设置间距规定如表7-1。

表7-1 日本轮廓标设置间距

曲线半径(m)	0~50	51~80	81~125	126~180	181~245	246~320	321~405	406~500	501~650	651~900	901~1 200	1 201~1 550	1 551~1 950	1 951~
设置间距(m)	5	7.5	10	12.5	15	17.5	20	22.5	25	30	35	40	45	50

加拿大的《街道和公路均一交通控制设施手册》中,对轮廓标在曲线上的设置间距按式(7-2)计算,设置间距规定如表7-2。

$$S = 2 \times (0.3R)^{1/2} \tag{7-2}$$

表7-2 加拿大轮廓标设置间距

曲线半径(m)	43	58	70	97	116	145	194	249	349	582	1 747
设置间距(m)	5	7.5	10	12.5	15	17.5	20	22.5	25	30	35

美国的《街道和公路均一交通控制设施手册》中,对轮廓标在曲线上的设置间距按式(7-3)计算,设置间距规定如表7-3。

$$S = 1.7(R - 15)^{1/2} \tag{7-3}$$

表7-3 美国轮廓标设置间距

曲线半径(m)	15	35	55	75	95	125	155	185	215	245	275	305
设置间距(m)	6	8	11	13	15	18	20	22	24	26	27	29

我国对轮廓标设置间隔的规定,是在充分考虑了发达国家的相关规定,并结合我国运营公路的实际情况制订的。

在轮廓标布设设计时，应特别注意从直线段过渡到曲线段的路段，或由曲线段过渡到直线段的区段，要处理好轮廓标视线诱导的连续性，使其能平顺圆滑地过渡。

高速公路、一级公路的竖曲线与平曲线相比，对轮廓标设置间距的影响要小得多。德国对轮廓标在竖曲线上的设置间距也有明确的规定，如表7-4。编写组在规范条文中没有对此做出具体规定，但允许在设计中根据竖曲线的不同半径，在保持轮廓标诱导连续性的前提下，对设置间距作适当调整。

表7-4 轮廓标在竖曲线上的设置间隔

竖曲线半径(m)	设置间距(m)
800以下	5~16
800~1 500	16~21
1 500~3 000	21~31
3 000~4 000	47~50
4 000以上	50

在曲线段外侧的起止路段设置间隔如图7-3所示，图中 S 为曲线路段轮廓标的设置间距。如果两倍或三倍的间距大于50m则取为50m。

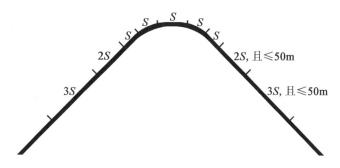

图7-3 曲线段轮廓标设置间隔示例

（5）波形梁护栏横梁中心线距路面的高度为60cm左右，以此为基准，规定轮廓标反射体中心线距路面60~75cm。路面积雪非常厚的路段，可适当加高。其他路段有特殊需要时，也可采用其他高度。

（6）轮廓标反射器的安装角度，无论在直线段或在曲线段上，应尽可能与驾驶人视线方向垂直。轮廓标反射体表面法线与公路中心线成25°主要适用于柱式轮廓标。

7.2.4 隧道轮廓带

隧道轮廓带是指在隧道壁或隧道洞门上设置的用于指示隧道横断面边界的交通安全设施。隧道轮廓带宽度一般为15~20cm，根据需要可适当加宽，但要避免产生眩光。

7.2.6 道口标柱

道口标柱设置在公路沿线较小交叉路口两侧，用来提醒主线车辆提高警觉，防范小路口车辆突然出现而造成意外的情况发生。

8 隔离栅

8.1 一般规定

8.1.1 隔离栅应能阻止行人、动物误入高速公路、需要控制出入的一级公路。它可有效地排除横向干扰，避免由此产生的交通延误或交通事故，保障公路的通行安全和效益的发挥。

8.1.2 因为公路线形沿地形而变化，隔离栅的设置需要根据地形进行变化。

隔离栅的高度是结构设计的重要指标，该指标的取值高低直接影响着工程的材料费用和性能价格比。所以，隔离栅高度的确定需要结合实际的地域地形、沿线城镇人口的稠密程度，以及人们生产、生活流动路线等诸多因素而定。为了保证隔离栅的整体美观效果和设计施工的便利性，高度的变化只是根据特殊的地形和其他特殊因素而产生间断式的变化。一般情况下，隔离栅的高度尽可能统一，高度变化不能太频繁。

隔离栅的高度主要以成人高度为参考标准，一般在1.5~1.8m之间。在城镇及郊区人口密度较大的路段，隔离栅的设计高度建议取上限，并且根据实际需要可在此基础上进一步加高到使人无法攀越的程度。而在人迹稀少的山村或郊外，由于人流较少，攀登隔离栅穿越公路的可能性远远低于城镇地区，其设计高度经分析论证后可以适当降低。

8.1.3 公路沿线地区的气候特点不同，重工业、都市或沿海地区对金属的腐蚀较严重，隔离栅需要采用较高的防腐性能的涂层。

8.2 设置原则

8.2.1 对于公路两侧存在水面宽度超过6m且深度超过1.5m的水渠、湖泊等天然屏障、行人无法误入公路和非法侵占公路用地的路段可以不设置隔离栅。

8.2.2 桥梁、通道等处为隔离栅设置的薄弱环节，动物从桥头锥坡处有钻入的可能性。靠近村庄的通道，行人可能会通过破坏隔离栅进入高速公路、需要控制出入的一级公路等候车辆。因此，在这些路段，需采取措施进行围封。在小桥桥头，隔离栅可沿锥坡爬上，在桥头处围封，也可沿端墙围封。通道的进出口，由于过往行人较多，需特别注意人为破坏的可能性，需要选择强度高的隔离栅进行围封，并加强长途运营客车的管理，杜绝高速公路、需要控制出入的一级公路上下乘客的现象。

8.2.3 对跨径小于2m涵洞,隔离栅可直接跨过。但在跨越处,需要作一定的围封处理。跨越涵洞时,立柱可以适当加强、加深。

8.2.4 隔离栅的中心线,一般沿公路用地范围界线以内0.2~0.5m处设置,以避免因侵占界外用地发生纠纷。

8.2.5 为了满足高速公路、需要控制出入的一级公路养护和检查的需要,方便公路管理人员和养护人员以及机修设备的进出,需要在适当的位置设置隔离栅开口。开口处均需设立活动门,隔离栅活动门的规格大小,可根据进出大门的设备、人员情况进行设计。设计形式要力求简易、实用。大门的形式一般可分为单开门和双开门两种。单开门用于人员的出入,双开门主要为机修设备及车辆的进出而设置的。单开门门宽设计尺寸不能大于1.2m,双开门总宽不能超过3.2m。对于桥梁和通道等需要进行检测的路段,可以设置便于开启的单开门。

8.2.6 分离式路基间距较近行人和动物无法进入公路时,可只在分离式路基外侧设置隔离栅,分离式路基间距较远且两个路基间行人和牲畜可以进入公路时,根据需要在可以进入公路的分离式路基内侧设置隔离栅。分离式路基间距较近时,连通两侧的通道、车行和人行涵洞等中间无明显障碍物时,需要在容易误入的位置设置隔离栅,避免从锥坡进入高速公路、需要控制出入的一级公路。

8.2.7 隔离栅的网孔尺寸可根据公路沿线动物的体型进行选择,网孔尺寸包括75mm×75mm、100mm×50mm和150mm×75mm等,最小网孔不宜小于50mm×50mm。

8.2.8 隔离栅要保证风荷载下自身的强度和刚度,不承担防撞的功能,根据项目所在地区的风压进行隔离栅结构的设计。

9 防落网

9.1 一般规定

9.1.1 防落网要能阻止公路上的落物进入饮用水保护区、铁路、高速公路、需要控制出入的一级公路等建筑限界以内,或阻止路侧落石进入公路建筑限界以内。

9.1.2 防落物网的设置高度1.8~2.1m,在交通量大、行人密度高、临近城镇厂矿等地点可取上限,反之则取下限。防落物网宜与桥梁横断面比例协调,避免给人压抑感。桥梁两侧设置混凝土护栏时,防落物网网面可从护栏顶部设计;设置梁柱式护栏时,防落物网网面应从桥面开始设计。

9.1.3 防落石网分为主动性和被动型两种,本规范仅规定承担被动防护功能的防落石网。主动型防落石网属于路基防护工程的范围,应参照相关规范的规定。防落石网应根据防落石区域的面积等多种因素进行设置。

9.2 设置原则

9.2.1 防落物网

跨越铁路和饮用水水源保护区等的车行和人行构造物需要设置防落物网,防落物网的高度可根据实际情况进行设置。需要设置的防落物网的构造物为分离式时,要在结构物内侧设置防落物网。

除基础设置方式和方法不同外,防落物网的结构形式与隔离栅大体相同,具体可参见隔离栅的相关要求。但由于在空旷的原野上,上跨立交桥往往是周围地物中的最高点,在桥上设置金属防护网后,则其遭雷击的危险性大大增加,因而防落物网应做防雷接地处理。对交通量大、临近城镇厂矿的桥梁更要引起设计人员的注意。防雷接地的电阻不能小于10Ω。

9.2.2 防落石网

高速公路或一级公路存在落石危险的路段要设置防落石网,其他公路存在落石危险的路段需要进行综合考虑安全、经济、美观等因素,根据需要设置防落石网、警告标志或其他设施,以保障安全。

被动型防落石网由钢丝绳网或环行网(需拦截小块落石时附加一层钢丝格栅)、固定系统(锚杆、拉锚绳、基座和支撑绳)、减压环和钢柱四个主要部分构成,其防护能量一般为250~2 000kJ,特殊设防能量高达5 000kJ。

被动型防落石网设计顺序包括:①根据能有效而经济地拦截落石的原则,确定防落石网设置的位置;②根据落石的计算动能选择防落石网的型号;③根据计算落石的弹跳高度,确定防落石网的高度;④确定防落石网的布置方式,即确定防落石网的长度与走向;⑤选择合适的钢柱、柔性锚杆、基座、连接件等构件,计算确定钢柱间距;⑥通过分析确定基座及系统的铅直方位,必要时应采用防倾倒螺杆;⑦拉锚系统的设计;⑧选择和确定合适的支撑绳、减压环、钢丝绳网、缝合绳、格栅等相应配套设施的型号及规格。

10 防眩设施

10.1 一般规定

10.1.1 防眩设施既要有效地遮挡对向车辆前照灯的眩光,也要满足横向通视好、能看到斜前方,并对驾驶人心理影响小的要求。如采用完全遮光,反而缩小了驾驶人的视野,影响巡逻管理车辆对对向车行道的通视,且对驾驶行车有压迫感。同时,无论白天或黑夜,对向车行道的交通状况是行车的重要参照系,其中很重要的一点是驾驶人在夜间能通过对向车前照灯的光线判断两车的纵向距离,使其注意调整行驶状态。从国外试验结果可知相会两车非常接近(小于50m)时,光线不会影响视距,但当达到某一距离时,眩光会对视距产生较大的影响。防眩设施不需要很大的遮光角,也可获得良好的遮光效果。所以,防眩设施不一定要把对向车灯的光线全部遮挡,而采用部分遮光的原理,允许部分车灯光穿过防眩设施,当然透光量不能使驾驶人感到不舒适。条文中推荐了较理想的遮光角的数值。

直线路段遮光角 β_0 如图10-1,需要按式(10-1)计算。

$$\beta_0 = \tan^{-1}\left(\frac{b}{L}\right) \tag{10-1}$$

式中:b——防眩板的宽度(m);

L——防眩板的纵向间距(m)。

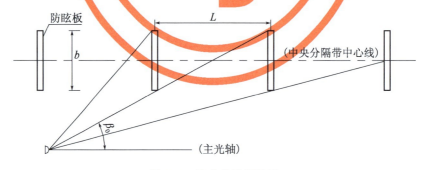

图10-1 遮光角计算图示

平曲线路段遮光角 β 要按式(10-2)计算。

$$\beta = \cos^{-1}\left(\frac{R-B_3}{R}\cos\beta_0\right) \tag{10-2}$$

式中:R——平曲线半径(m);

B_3——车辆驾驶人与防眩设施的横向距离(m)。

平直路段感觉不到眩光的两车最小纵距即为120m左右，汽车远射灯光的照距一般也在120m左右，因此规定计算防眩设施的眩光距离采用120m。

10.1.2 在曲线半径较小且中央分隔带较窄的弯道上，设置防眩设施可能会影响曲线外侧车行道的视距。因此，在设置防眩设施之前需要进行停车视距的分析，保证设置防眩设施后不会减小停车视距。对停车视距的影响是随中央分隔带宽度和曲线半径的减小而趋于严重，故对在弯道上设置防眩设施可能引起的视距问题要予以足够的重视。

弯道上设置的防眩设施如果经检验影响了视距，则可考虑降低防眩设施的高度。降低高度后的防眩设施可阻挡对向车前照灯的大部分眩光，且驾驶人能看见本车道前方车流中最后一辆车的顶部，这个高度值一般在1.2m左右。另外也可考虑将防眩设施的设置位置偏向曲线内侧，但此方法对于较小半径的弯道来说，效果并不明显，景观效果也不好，因而主要在较大半径的曲线路段采用。

如采取上述方法仍不能得到较好的防眩效果和景观效果，则不宜在中央分隔带上设置防眩设施。如确需设置，则可采取加宽中央分隔带的方法，使车行道边缘至防眩设施之间有足够的余宽，以保证停车视距。日本东名高速公路就采取了加宽中央分隔带的方法，取得了明显的成效，使东名高速公路成为绿茵连续的优美舒适公路，这是日本东名与名神高速公路不同的区别之一。

10.1.3 防眩设施是一种提高行车安全性、舒适性的设置，设置要遵循经济合理的原则。考虑我国东西部发展不平衡，且南北、东西气候条件差异比较大，原则上要因地制宜的考虑防眩设施的设置及形式。

10.2 设置原则

10.2.1 高速公路、一级公路设置防眩设施的条件

（1）在公路上两车相会时，驾驶人受眩光影响的程度与两车的横向距离有很大的关系。英国道路交通研究所（TRRL）《相对两车前照灯对视距的影响》研究表明：当两车横距较大（$S=15m$）时，两车纵距越小，视距越大，特别是两车很接近时，视距显著增加。当横距$S=40m$时，视距几乎与纵距无关。

交通运输部公路科学研究院进行的防眩试验也表明，当相会两车横向距离达14m以上时，相会两车灯光不会使驾驶人眩目，这一结果和英国试验结果一致。

国内外的研究者普遍认为：提供足够的横向距离以消除对向车前照灯眩目是理想的防眩设计。国外6车道的高速公路，除满足日间的交通量需求外，夜间左侧车道（靠近中央分隔带的车道）上几乎没有或很少有车辆行驶，甚至中间车行道的车辆也不多。这样，两车相会时有足够的横向距离，消除了对向车行道前照灯的眩目影响。英国高速公路车辆行驶规则规定：不是为了超车或边车道无空时，不得使用右侧车道（英国正常行车规则为左行，右侧超车），这样，对向车流间有足够的横向距离，因而无眩目影响，或

影响甚微，可不设防眩设施。

我国2004年5月1日施行的《中华人民共和国道路交通安全法实施条例》规定：在道路同方向划有2条以上机动车道的，左侧为快速车道，右侧为慢速车道。当中央分隔带宽度为7m时，加上两条左侧路缘带宽 $2 \times 0.75 = 1.5$m，中间带宽度为8.5m。如相会两车都在快速车道上行驶，其横向间距值为12.25m（$S = 8.5 + 2 \times 3.75/2 = 12.25$m），故当中央分隔带宽度大于9m时，一般都能有效地降低眩光对驾驶人行车影响，或说眩光对驾驶行为的影响可以不考虑。因而规范规定在中央分隔带宽度大于或等于9m时，就不必设置防眩设施了。

（2）防眩设施的设置取决于很多条件。夜间交通量大，大型车混入率较高的路段，这是设置防眩设施的主要条件，为方便设计，这里对大型车比例参照护栏的设置条件进行了量化。对相邻公路、铁路等有严重眩光影响的路段进行了一个原则规定。其他如平曲线、竖曲线路段，车辆交织运行路段、连拱隧道进出口附近等，可根据其对驾驶人眩目影响的程度确定是否设置防眩设施。当公路路基的横断面为分离式断面，上下车行道不在同一水平面时，理论计算和实践经验均表明，若上下车行道的高差小于或等于2m，会车时眩光对驾驶人的影响较大，需要设置防眩设施。在高差大于2m时，眩光影响较小，并且在这种情况下，一般都要在较高的车行道旁设置路侧护栏，而护栏（除缆索护栏外）也能起到部分遮光的作用，因而此时也就不必设置专门的防眩设施了。

设计防眩设施时，需要根据本规范的有关规定，结合公路交通的具体情况，通过进行必要的投资效益比分析，对防眩设施的设置路段、形式做出选择。

10.2.2 在无封闭设施的路段上设置防眩设施，如有人翻越防眩设施或从中跳出，往往使驾驶人猝不及防。尤其在夜间，以一定间距栽植的树木在灯光的照射下就像人站立在路旁一样，使驾驶人感到紧张，而更加谨慎地行车。即使道路条件好，驾驶人也不敢将车速提高，而且本能地使车辆轨迹偏离车道，即离中央分隔带远些。许多统计资料都表明，在无封闭设施的路段设置防眩设施后，反而使该路段的事故率增加，尤其是恶性事故率上升，这与侧向通视不好致使驾驶人对前方的突发事件反应不及有关。因此，在无封闭设施的路段是否设置防眩设施、选择什么类型的防眩设施要慎重考虑。如确需设置，则要选择好防眩设施的形式和高度，既尽量不给人、动物随意横穿的可能，又要有利于驾驶人横向通视。非控制出入的一级公路平面交叉和中央分隔带开口处有行人及车辆穿越，若连续设置防眩设施，驾驶人在突发情况下往往反应不及，防眩设施需要在路口一定范围内断开或逐渐降低防眩设施高度加以提醒。根据停车视距的要求，设计速度不小于80km/h时，靠近中央分隔带车行道行驶的车辆发现行人到完全停止的防眩设施开口长度要求为100m左右，设计速度为60km/h时，防眩设施开口长度要求为60m左右，故建议一级公路平面交叉、中央分隔带开口两侧一定范围内不宜设置防眩设施。考虑到车辆驾驶人遇到平面交叉、中央分隔带开口的减速心理及外侧车道行驶等其他因素，平交路口的防眩设施断开长度可适当缩小。为安全考虑，不封闭公路在穿村镇路段一般不设防眩设施。

10.2.3 在有连续照明设施的路段,车辆夜间一般都以近光灯行驶,会车时眩目影响甚微,显然在这种情况下可以不考虑设置防眩设施。

10.2.4 在干旱地区,年降水量少于200mm以下的地区,且中央分隔带小于3m的路段,植树不容易成活,且养护困难,不宜采用植树防眩方式。

10.2.5 防眩设施连续设置的规定

(1) 防眩设施的设置要考虑连续性,避免在两段防眩设施之间留有短距离的间隙,因为这种情况会给毫无思想准备的驾驶人造成很大的潜在眩目危险,易诱发交通事故,而且从人的视觉感受和景观上来说,效果也不好。

(2) 防眩设施要以一定长度的独立结构段为制造和安装单元,这种结构段的长度一般小于12m,视采用材料、工艺情况而定。防眩设施设置在道路上,免不了要遭受车辆的冲撞而损坏。为减轻损坏的严重程度,方便更换维修,设计时需要每隔一定距离使前后相互分离,使各段互不相连。这样做不但有利于加工制作和运输安装,而且从防止温度应力破坏的角度来说也是必需的。防眩设施每一独立段的长度可与护栏的设置间距相协调,选择4m、6m、8m、12m或稍长一些都是可以的。

(3) 防眩设施的设置高度原则上要全线统一。不同防眩结构的连接要注意高度的平滑过渡,不要出现突然的高低变化。设置在凹形竖曲线路段的防眩设施,其设置高度需要根据竖曲线半径及纵坡情况由计算确定,并在一定长度范围(渐变段)内逐步过渡,以符合人的视觉特性。该渐变段的长度与人的视觉特性、结构尺寸和变化幅度和车辆的行驶速度(公路等级)等有关,该渐变段的长度一般宜大于50m。但在设计中,要根据具体情况确定合适的渐变段长度。另外,防眩板板条宽度的变化幅度一般都不大,故其渐变段的长度还可小一些。

11 避险车道

11.1 一般规定

11.1.1 针对避险车道设置的交通标志、标线、轮廓标等设施有助于驾驶人对避险车道的有效识别并引导失控车辆驶入。

11.1.2 为了加强避险车道在夜间的视认性、提高养护及救援效率，宜在避险车道处设置照明、车辆检测器及外场监控等设施，将其作为高速公路机电系统设计的部分内容。

11.1.3 避险车道排水系统能有效地避免制动床结冰和污染，是保障制动床制动性能的重要措施。避险车道制动床铺装材料混入其他材料会降低其制动性能，特别是不易清理的细小颗粒异物会掺杂在制动材料中填补其空隙，影响制动材料间的滚动置换，降低滚动阻力。避险车道排水系统可以将污染物随排水过程清除一部分，减少制动床的污染程度。另外，避险车道排水系统要避免其内部积水，北方冬季避险车道内部积水结冰会使其板结，驶入的失控车辆会沿着表面直接冲到端部造成严重的事故。因此，从安全与养护的角度，排水设施是避险车道的重要组成部分。

11.2 设置原则

11.2.1 已运营公路的连续下坡路段，要根据历史事故记录，在货车制动失效事故频发的路段考虑设置避险车道。

新建公路要结合车辆组成、坡度、坡长、平曲线等公路线形和交通特征，要在货车因长时间连续制动而制动失效风险高的路段考虑设置避险车道。建议大、中型载重车占30%以上，甚至更低时也要考虑设置必要的避险车道。

避险车道设置确定可应用货车在连续下坡过程的制动毂温升模型预测货车制动失效的位置。美国联邦公路局（FHWA）开发的坡道严重度分级系统（Grade Severity Rating System, GSRS）是迄今为止连续长大下坡路段是否需要设置紧急避险车道运用最为广泛的分析工具，模型见式(11-1)。GSRS 使用预先确定的制动器温度限制值（260℃）来建立坡道的最大安全下坡速度，最大安全速度被定义为以此速度在坡底紧急制动，制动器温度不会超过预先确定的温度限制值。该分析方法被"国际道路协会"（World Road Association）推荐为连续下坡路段货车制动失效位置预测的主要技术手段。

$$T(x) = T_0 + \left\{ T_\infty - T_0 + K_2 \left[\frac{1}{3.6}(W\theta - F_{drag}(W,V))V + P_{eng}(G_{T_i},V) \right] \right\} \left[1 - e^{-3.6K_1 x/V} \right]$$
(11-1)

式中：$K_1 = hA_C/m_B C$，$K_2 = 1/hA_C$，h 为 V 的函数。

式中的常量有：

T_∞——制动器外部环境温度；

T_0——制动器初始温度；

A_C——制动系统的有效热传导面积；

m_B——制动系统的有效热质量；

C——制动系统的热容量。

式中的自变量有：

W——货车总重；

θ——纵坡段的坡度；

x——到坡顶的距离；

V——货车下坡的平均速度；

G_{T_i}——第 i 个挡位的传动比。

设计人员可根据我国货车实际状况建立制动毂温升模型，或对式(11-1)的模型进行校验后预测货车容易制动失效的位置，为避险车道位置的确定提供理论依据。

11.2.2 避险车道要设置在视距良好的位置，使驾驶人在驶入引道前便能看到避险车道的全貌，有利于失控车辆的驾驶人及早获取避险车道的相关信息。连续下坡末端设置民房、集市、学校、医院等建筑或场所，失控车辆冲入后将造成重特大事故的高风险地点前要考虑设置避险车道。

11.2.3 车辆制动失效时，驾驶人心理处于极度恐慌状态，避险车道较好的视认性有利于驾驶人及时做出进入避险车道的决定，并操纵车辆顺利进入避险车道。考虑到避险车道与公路出口匝道均是车辆驶离主线，因此参考现行《公路路线设计规范》(JTG D20)规定的主线分流鼻之前判断出口所需的识别视距制定出表11.2.3的避险车道识别视距，该识别视距界定为车辆距制动床入口的距离。

11.2.4 从失控车辆驶入避险车道避免产生二次伤害的角度，避险车道宜避免设置在桥梁路段；由于隧道洞口的明暗视觉效应增加了驾驶人的心理、生理负荷，不利于驾驶人顺利驶入避险车道，因此，在隧道出口处不要设置避险车道。

11.2.5 为便于失控车辆驶入避险车道，并考虑到经济性因素，避险车道制动床的宽度最好为4~6m；救援车道因起重机械固定的需要，其宽度最好为5.5m。

11.2.9 在满足长度要求的避险车道末端设置消能设施是为失控车辆提供更高的安全保障。不宜将制动消能设施和阻拦索作为弥补避险车道长度不足的手段,避险车道设计要尽量满足其长度要求。确因地形所限制无法提供足够长度时,才可采取避险车道末端设置减速消能设施,或在中后段设置阻拦索弥补其长度的不足,所采用的上述措施要通过论证后方可应用。

12 其他交通安全设施

12.1 防风栅

12.1.1 本规范所指的防风栅与路基工程在风沙路段设置的路基风沙防护设施有本质区别。路基工程的防风设施是用于保护路基免受风沙侵蚀的一种构造物。本规范所指的防风栅作为一种交通安全设施，其作用是降低路面上风的速度，从而降低横向侧风对车行道内车辆行驶稳定性影响，提高强风条件下行车的安全性。但是，研究和实践均表明，防风栅并不能彻底消除强侧风对交通安全的影响，需要综合考虑限速、提示、提高路面抗滑能力等多种措施系统以降低强侧风的影响，而不能完全依赖设置防风栅。

风洞试验显示小透风率防风栅的挡风效率高达75%~90%（即风速降低到无防风栅时的10%~25%），但是当防风栅设置在桥梁上时会对整个桥梁结构体系带来非常大的气动阻力，并且可能引起桥梁气动稳定性的下降，因此桥梁上设置防风栅时需要对桥梁的气动稳定性进行验证分析，分析可采用仿真分析和风洞试验的方法。

12.1.2 防风栅并不是必需设置的安全设施，通过限速等措施也能改善强风路段的安全水平，而且国内应用防风栅的公路项目并不多，因此规范中的用词为"可"，即并不强制要求设置防风栅，而是作为一种可选的安全设施供设计人员选择。

根据"国家道路安全行动计划"开展的有关研究，强侧风对交通安全的影响主要表现在导致车辆侧滑和侧翻，而平曲线内侧风作用下的行驶极限侧滑对应的临界风速最低，要作为强侧风条件下的极限状态。针对侧滑临界状态下四种不同车型进行行车安全临界风速分析，获得侧滑行车安全风速如表12-1所示。

表12-1 侧滑行车安全风速（m/s）

车型/路面		车速（km/h）				
		100	80	60	40	20
小型车	干	36.5	38	39	39	39
	湿	30.5	32.5	34	34	34
微型、轻型客车	干	19.5	21.3	22.5	23	23
	湿	15.5	17.5	19	20	20
中型客车	干	25	27	28	28.3	28.5
	湿	19.5	22	23.5	24.3	24.3

续表 12-1

车型/路面		车速(km/h)				
		100	80	60	40	20
集装箱车、大客车	干	26	28	29.5	30	30
	湿	17.0	20	22	23.5	23.5

表 12-1 中的风速指的是路面以上 5m 以内的最大风速。

表 12-1 中的车型划分是以车辆气动外形划分的,可见微型和轻型客车(包含商务车)由于气动阻力系数较大且自重较小在强风下的安全性最低,是设置防风栅时应重点考虑的车型。表中给出安全风速是瞬间最大风速,其含义是在当瞬间风速达到表中的数值时,平曲线上行驶的车辆将在离心力和风力共同作用下发生侧滑。

考虑到如果设置条件全部按瞬时风速控制则可设置防风栅路段过多,而且在常年强风区,风速分布比较均匀,驾驶人会自行控制行车速度,因此按瞬时风速设置防风栅经济效益比不高,为此规范中对于普通路段借鉴了风力概念,风力表现了平均风速的大小,用风力作为设置条件控制指标更加经济合理。但是在一些风速分布不均匀的特殊路段,如隧道口或者垭口,驾驶人无法事先预知将面临强风,往往由弱风区突然进入强风区,此时由于缺乏准备,车辆速度较快,比较容易出现交通事故,因此在这些特殊路段,要求采用瞬时最大风速作为设置条件控制指标。气象观测中,瞬时风速一般指 3s 平均风速,我国高速铁路客运专线以最大瞬时风速 2 年一遇设计值确定高速列车安全运行风险度或车速限值,铁路部门开展的研究认为最大瞬时风速 2 年一遇提供了一个具有安全性,又有风险度等级的直观评判指标。据此,设计人员在选取瞬时风速时,可采用路面以上 5m、2 年一遇 3s 平均风速为参考。

根据日本和我国台湾的相关研究成果,当风向夹角与公路轴线夹角小于 30°时,防风栅的效果就不再明显,因此只有当夹角大于 30°时才可以考虑防风栅。

12.2 防雪栅

12.2.1 本规范所指的防雪栅更侧重于保护车行道上行驶的车辆,即减少路面上的积雪,在实现这一目的的前提下兼顾对路基的保护。根据美国相关研究成果,设置防雪栅后由于风吹雪形成的低能见度环境导致的交通事故减少了 70%,可见防雪栅在风吹雪严重地区是一种有效的交通安全设施。

12.2.2 国内外防雪栅一般设置在风吹雪比较严重的公路沿线,但是目前关于防雪栅的设置条件国内外都缺少成熟量化成果,更多的是根据现场观测和经验。

防雪栅依据其移动性可分为固定式和移动式两种基本形式,固定式防雪栅无法移动,而移动式防雪栅可根据积雪和风向、风力情况随时移动。本规范采用了现行《公路路基设计规范》(JTG D30)中关于固定式和移动式防雪栅设置的有关规定。

12.3 积雪标杆

12.3.1 公路积雪标杆的功能是在积雪覆盖路面的情况下,为驾驶人标示出公路几何线形。因此,积雪标杆设置位置不能距离车行道过远,在情况允许的情况下最好设置在土路肩之上。积雪标杆的颜色各国没有统一规定,以红色、橙色、红白相间居多,积雪标杆的颜色不但要与积雪的白色形成反差,而且要与公路环境背景形成反差。设计人员可以根据积雪标杆设置路段的环境情况选择容易辨识的颜色。

12.3.2 积雪标杆是一种积雪路段可采用的交通安全设施,需要根据积雪严重程度和除雪养护工作情况综合考虑,在除雪养护及时的路段积雪标杆并不是必需的安全设施,因此规范中用词为"可",设计人员应根据实际情况酌情考虑。

12.4 限高架

12.4.1 设置限高架是为了保护桥梁和隧道结构不被超高车辆撞击。《中华人民共和国道路交通安全法实施条例》第五十四条规定:"机动车载物不得超过机动车行驶证上核定的载质量,装载长度、宽度不得超出车厢,并应当遵守下列规定:

(一)重型、中型载货汽车,半挂车载物,高度从地面起不得超过 4 米,载运集装箱的车辆不得超过 4.2 米;

(二)其他载货的机动车载物,高度从地面起不得超过 2.5 米。……"

因此,合法的通行车辆净高不会超过 4.2m,考虑到一定的净空余量,净空高度大于 4.5m 的桥梁和隧道被撞击的可能性比较小,在这种情况下可以不设置限高架。当桥梁净空在 2.5~4.5m 之间时,重载货车有撞击桥梁的可能性,此时最好设置限高架,但是当桥下道路没有重载车辆通行时,桥梁受撞击的可能性较小,此时可以考虑不设置限高架,因此规范中对于此种情况的要求为"可",在设计中,设计人员应根据桥下通行车辆的类型确定。当桥下净空小于 2.5m 时,普通载货机动车均能可能撞击桥梁结构,此时应当结合桥梁所跨公路的车流是否有载货机动车通行考虑是否设置限高架,限高架因此规范中的用语为"宜"。

设置限高架的同时为了保证车辆的安全,必须告知驾驶人限高的具体要求,因此设置限高架的同时需要设置限高标志,同时为了保证限高架与限高标志的一致性,限高架距路面的高度不能小于限高标志的限高数值。

为了更好地杜绝车辆对桥梁结构的损伤,也为了避免超高车辆行驶至桥前才发现车辆无法通行,最好在进入该路段的平面交叉入口设置限高要求相同的限高架,并设置限高标志。

12.4.2 本规范中,限高架分为警示限高架和防撞限高架两类。警示限高架利用悬挂的水平横杆等对车辆不造成损坏的柔性结构警示车辆高度超出了限高标志允许的高度，车辆仍然可以通过；防撞限高架则要具备足够的强度，避免车辆撞击公路结构物。重要结构物前可先设置警示限高架，然后再设置防撞限高架。参照德国关于制动距离的计算理论及数值，建议警示限高架与上跨桥梁或隧道的距离满足表12-2的规定。

表12-2 制动距离及运行速度的关系

运行速度(km/h)	20	30	40	50	60	70	80	90	100
制动距离(m)	7.6	12.7	19.0	26.2	34.4	43.5	53.7	64.9	77

注：表中所示的制动距离为驾驶人反应时间和制动时间内车辆的制动距离。

调查显示，49t大货车在高速公路上的运行速度约为40~60km/h，综合各等级公路，选取车速为50km/h所需要的制动距离为防撞限高架的最小设置距离。即车辆在该距离内通过制动系统能够在撞击桥梁上部结构之前将车速降为0km/h。

当车辆撞击到限高杆后，大多数人的动作反应时间约需1s，且驾驶人会本能采取制动。计算中仍取50km/h的车速，则限高杆与限高防撞架之间的距离 $L = 500/36 = 14m$，本规范建议取15m。

12.5 减速丘

减速丘的表层和前后要参照现行《道路交通标志和标线》(GB 5768)设置必要的交通标志和标线，包括建议速度或限速标志，以防范驾驶人未能及时发现路面发生的变化而紧急制动引发的意外事故。

12.6 凸面镜

凸面镜主要用于容易发生因不能及时发现对向车辆而造成正面碰撞，或因避让不及而发生车辆冲出路外事故的路段。

根据设计速度及弯道半径，公路用凸透镜直径宜选用600mm、800mm及1 000mm规格。